J. Vallerino

LE HUSKY SIBERIEN

EDITIONS DE VECCHI S.A.
20, rue de la Trémoille
75008 PARIS

A mes amis, Volker Schon pour son aide précieuse et Maura Bensi Allegri

Collection dirigée par le professeur Luigi Guidobono Cavalchini

En couverture : Velikayas Inti-Raymi (Akzal x champion reproducteur Kanadian Kappa du Loup Polaire), élevage Velikayas, propriétaire Alberto Rampini et Mackenzie (à trente-deux jours), élevage M. Soloni

Photos de l'auteur (sauf indication)

Dessins d'Alessandra Micheletti

Traduction de Nathalie Rossi

LE HUSKY SIBERIEN

Sommaire

Présentation

Parmi tous les animaux domestiques, le chien est celui avec lequel l'homme entretient les rapports les plus étroits. Ces deux espèces ont beaucoup de points communs : tout comme l'homme, les Canidés sauvages vivent en sociétés organisées, dans lesquelles se forment des hiérarchies établies et des rapports stables. Tous deux étaient autrefois des prédateurs qui vivaient de la chasse, ce qui a permis l'instauration d'un rapport toujours plus solide au fil des siècles. Hommes et chiens se comprennent et se complètent.

Au cours de l'histoire, le chien a assumé de nombreuses fonctions qui ont donné leur origine aux différentes races, sélectionnées dans des buts précis, en fonction de leurs diverses aptitudes (vitesse, agilité, puissance, odorat, agressivité, protection, compagnie, etc.), qui ont aidé l'homme dans différents domaines. Mais ces derniers temps, la cynophilie a subi une transformation notable. Le nombre de gens qui ont envie ou besoin d'avoir un chien, souvent de race, augmente d'année en année. Le chien n'est plus considéré uniquement comme un auxiliaire dans des domaines particuliers, mais il est vu comme un ami avec lequel passer son temps libre et vivre une expérience différente à travers le rapport homme-animal.

Les goûts sont variés et le choix est souvent difficile parmi les nombreuses races proposées. Il ne suffit cependant pas de se laisser attirer par les caractéristiques extérieures : il faut apprendre à connaî-

tre les aptitudes et le caractère de chaque race. Il faut ensuite savoir choisir le chiot le plus adapté à son propre caractère et apprendre à l'élever le mieux possible.
Pour satisfaire aux demandes d'un nombre toujours plus grand de lecteurs, l'éditeur a créé cette nouvelle collection cynophile « chiens de race », qui vient rejoindre celles déjà existantes et qui veut transmettre un message plus simple et plus direct à travers le texte, les illustrations et leurs légendes détaillées. Les connaissances scientifiques et l'expérience pratique de l'auteur guideront le lecteur dans sa consultation de l'ouvrage.
A tout ce qui est spécifique à la race, on a ajouté certains chapitres communs, liés aux aspects techniques généraux, comme « Comment comprendre son chien et s'en faire comprendre », de Marina Verga, professeur d'éthologie zootechnique à l'université de Milan ; « Reproduction », « Alimentation », « Santé et hygiène » rédigés conjointement par le docteur Carla Cristofalo et moi-même.
Dans ce volume, le chapitre sur le dressage du Husky sibérien a été écrit par Mme N. Bettini.
Les dessins sont d'A. Marengoni et d'A. Micheletti. L'éditeur remercie particulièrement tous ceux qui ont contribué à l'illustration photographique, permettant de rendre la lecture plus plaisante.

PROF. LUIGI GUIDOBONO CAVALCHINI

Les origines de la race

L'histoire officielle du Husky sibérien commence en 1930 quand l'American Kennel Club reconnaît la race (en 1932, le premier standard fut publié, c'est-à-dire la description des caractéristiques morphologiques et psychologiques de la race, et une version approfondie parut en 1938), grâce au travail et à la passion de quelques grands personnages : Leonhard Seppala, Elisabeth Ricker (puis Nansen), Eva « short » Seeley et Lorna Demidoff. Le travail de ces deux dernières a été fondamental pour la stabilisation de la race et sa diffusion.
En 1928, Arthur Walden, en partance pour l'Antarctique avec Byrd, fit appel à Mrs. Seeley pour qu'elle s'occupe de ses chiens (de gros hybrides appelés « Chinook ») à Wonalancet (New Hampshire) ; en 1929, tombée amoureuse des Huskies, elle s'y consacre avec compétence. Ses sibériens devaient posséder ces caractéristiques qui avaient fait du petit chien des Chukchi un incomparable chien de traîneau, bâti pour ce travail. Ils devaient également être homogènes de taille, robe, port de la queue et des oreilles, et surtout avoir un caractère docile et affectueux.
Cette femme active s'occupait des trois cents chiens de Wonalancet et participait à toutes les courses de Nouvelle-Angleterre ; c'est aussi grâce à elle que la race fut reconnue par l'American Kennel Club. En 1938, elle faisait partie du comité qui constitua le Siberian Husky Club of America.
Mme Ricker et le mythique Seppala, qui devint un juge très écouté

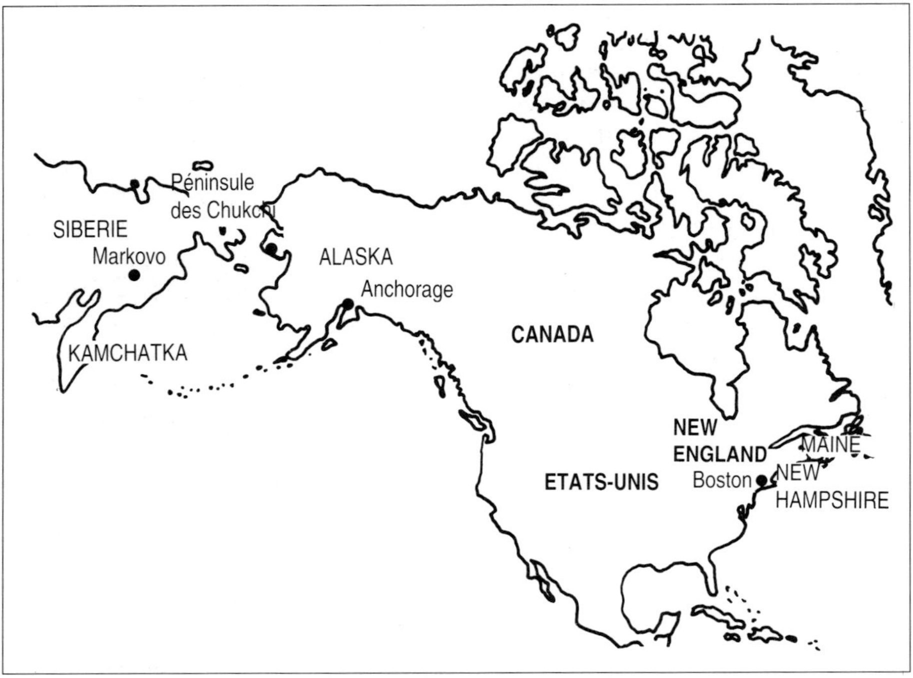

dans chaque compétition, en étaient également membres. Lorna Barnes Taylor Demidoff est une autre grande figure féminine qui a contribué à jeter les bases de l'actuel Husky sibérien. Excellente conductrice d'attelages (musher), elle monopolisa la première place des courses pendant longtemps. Elle a fondé une dynastie, les « Monadnocks ».

Les premiers Monadnocks étaient tous des chiens de course, leaders (c'est-à-dire des chiens de tête, rapides et obéissants) et de bons reproducteurs. Parmi eux, rappelons Aleka of Monadnock, Monadnock's Pando et le grand Monadnock's Aleka.

Les Chukchi et les origines du Husky sibérien

Le Husky sibérien fait avant tout partie de l'histoire d'un peuple, les Chukchi. Ce peuple n'a pu survivre librement que grâce à ses chiens et à sa maestria dans la conduite des traîneaux.

A l'époque tsariste (1742), les Chukchi réussirent à survivre à une tentative de génocide des Russes, qui furent battus en 1747. Ils obtinrent l'indépendance politique en 1837 et furent exemptés de tout impôt. On interdit aux Russes de s'établir sur leurs terres.

Ils étaient des éleveurs dans le vrai sens du terme, même si leurs méthodes peuvent nous sembler cruelles. Leur société ne pouvait nourrir des bouches inutiles : seules les femelles les plus fortes étaient gardées en vie ; les mâles étaient pour la plupart castrés et, après une première sélection, selon le caractère et les aptitudes, les individus écartés étaient éliminés.
Les Chukchi sélectionnaient leurs chiens en fonction de leurs capacités au trait et non pour leur apparence : ils devaient être petits et rapides, très résistants et capables d'affronter tous les parcours.
D'autres peuples, comme les Yakoutes, les Youkaghirs, les Koryaks et les Evenki de la Kamchatka étaient de bons conducteurs de traîneaux, mais ils ne jouissaient pas de la même réputation d'éleveurs et les chiens les plus recherchés, dans les foires et sur les marchés, étaient « les petits chiens des Chukchi ».

Les sibériens en Alaska et les premières courses

La vie en Alaska, territoire colonisé par les Russes et vendu aux Etats-Unis en 1867, ne changea pas jusqu'en 1896, date de la découverte de filons d'or le long du fleuve Klondike : près de 30 000 hommes arrivèrent dans ces territoires et le « Gold Rush » (la ruée vers l'or), commença, faisant de nombreuses victimes. Quand on trouva de l'or près de Nome, en 1899, le phénomène se répéta.
Un flot humain imposant se déversa autour de ce petit village, en une immense agglomération de tentes où les conditions de vie étaient désastreuses et où les chiens de traîneau devaient être résistants.
Cette population hétéroclite passait le temps, durant les nuits d'hiver, en jouant et en pariant bien évidemment sur les chiens ; des courses de vitesse et d'endurance se déroulaient au milieu des habitations, sans aucune règle.
Scotty Allen, du Kennel Club local, fut le premier à introduire des règles pour sauvegarder la vie des mushers et des chiens.
Les courses devinrent de plus en plus populaires, les premiers « mushers » professionnels apparurent, les sponsors et les commentateurs locaux suivirent, ainsi que les envoyés spéciaux des grands journaux qui contribuèrent à créer le mythe des grands hommes de l'Alaska.
C'est là que les premiers Huskies de William Goosak, un commerçant russe, firent leur apparition. Ils provoquèrent d'abord le scandale (étant de taille relativement petite et d'un naturel très doux), puis la dérision, quand leur propriétaire décida de les inscrire, en 1909, à la seconde édition des « All Alaska Sweepstakes ».
Les petits sibériens, menés par Louis Thrustrup, se classèrent à la troisième place et, contrairement

Kazan et Kappa dans leur milieu préféré : la neige, élément certainement le plus apprécié du Husky mais pas indispensable pour autant. Le Husky a besoin des mêmes attentions qu'un bébé de trois ou quatre mois en ce qui concerne les grosses chaleurs et l'humidité (photo A. Brizio)

aux autres chiens, ils ne semblaient ni fatigués ni blessés, bien qu'ils aient couru pendant trois jours dans une tempête qui avait épargné les premiers concurrents. Ils étaient joyeux comme si ils revenaient d'une simple promenade. Parmi les spectateurs stupéfaits se trouvait un noble anglais, « Fox » Maule Ramsay, qui allait acheter, en l'espace d'un an, soixante à soixante-dix chiens, dont quelques femelles, à Markovo, la ville d'où provenaient les chiens de Goosak. L'année suivante, ses trois équipes se classèrent aux deux premières et à la quatrième place : désormais, les gros hybrides (chiens croisés) étaient définitivement dépassés. Dans les années suivantes, les Huskies, conduits par John Johnson surnommé « Iron Man », arrivèrent toujours dans les premières places pour finalement gagner en 1914 : les résultats étaient satisfaisants.

Leonhard Seppala, le plus grand musher de tous les temps

Les Huskies obtinrent leur consé-

New Morning Snow du Loup Polaire, propriétaire I. Zirri. Un chien de traîneau a des habitudes ancestrales qu'il ne perd jamais même en vivant sous nos latitudes : il n'est pas rare d'entendre un Husky ululer ou de le voir dormir comme ses ancêtres de Sibérie (photo A. Brizio)

cration de « meilleurs chiens de traîneau » avec Leonhard Seppala. Né dans une petite ville norvégienne en 1877, cet homme arriva en Alaska avec un ami, Jafet Lindenberg, qui y amenait un troupeau de rennes norvégiens pour le compte du gouvernement américain.

Déjà excellent skieur, il est fasciné par les chiens et les courses. Il se consacra à ce sport avec passion et compétence jusqu'à gagner trois éditions en 1915, 1916 et 1917, des « All Alaska Sweepstakes ».

Il gagna ces trois courses avec un avantage tel qu'il laissa mushers et spectateurs ébahis. Le plus frappant chez Seppala, c'était ses rapports avec ses chiens : il leur parlait, s'occupait personnellement de leur alimentation, il les traitait gentiment et ils obéissaient toujours, même aux passages les plus durs.

Seppala avait acquis ses premiers chiens de façon très singulière. Lindenberg, qui était président de la Pioneer Mining Co. de Nome, avait préparé un certain nombre de chiens en 1913, pour Roald Amundsen qui préparait une nouvelle expédition au pôle Nord.

Quand ce dernier renonça à son entreprise, Lindenberg céda les chiens à son ami Seppala pour une somme symbolique. Certains des sujets, importés par Goosak et « Fox » Ramsay, composaient cette meute de chiens.
Le premier leader de Seppala était Suggen, mais son fils fut bien plus célèbre et devint une légende de l'Alaska : Togo, le leader de la fameuse « course du Sérum ».
Une épidémie de diphtérie éclata à Nome en 1925 et les réserves de sérum ne suffirent pas. Il fut donc indispensable d'en acheminer le plus rapidement possible. D'Anchorage à Nenana par le train et de Nenana à Nome en traîneau, une course contre le temps commença pour empêcher la tragédie qui se préparait.
Seppala utilisa toutes ses capacités d'organisateur et de technicien et il réussit à apporter le sérum à Nome en cinq jours et demi : une distance de 1 052 kilomètres, parcourue normalement par les traîneaux des services postaux américains... en vingt-cinq jours.
Seppala, qui approchait les cinquante ans, et Togo, son leader qui en comptait bien sept, couvrirent 544 kilomètres du parcours et devinrent des héros.
Après cet exploit, Togo eut droit à un traitement de faveur, et fut donné à Elisabeth Ricker durant une tournée dans le nord-est des Etats-Unis.

Les premières courses de sled dog aux Etats-Unis

La Nouvelle-Angleterre était un territoire qui se prêtait aux compétitions de traîneaux (sled dog) et le « New England Sled Dog Club » fut fondé à Boston en 1942.
Arthur Walden y fut aussitôt remarqué. Il avait longtemps vécu en Alaska. Cet excellent musher, fin connaisseur en matière de chiens et organisateur sérieux (il accompagna Byrd en Antarctique) courait avec une meute de gros hybrides et fut le maître incontesté des courses organisées par le club durant les premières années.
En 1927, quand Seppala arriva dans le New Hampshire, il s'arrêta au Wonalancet Farm Inn, où Walden gardait ses meutes et il fut invité à participer à la course qui devait se tenir dans le Maine, à Poland Spring.
Les petits Huskies s'y montrèrent une fois de plus supérieurs aux gros chiens et enthousiasmèrent tout le monde : les mushers, les journalistes et le public.
Elisabeth Ricker se trouvait parmi les mushers battus. Elle était la femme de l'aubergiste de Poland Spring, et c'est là que naquirent les « Poland Spring Kennels », tenus en copropriété par Seppala et Ricker.
Un autre élevage vit le jour au Canada, œuvre commune de Seppala et Harry Wheeler.
Mrs Ricker, après sa rencontre avec

Ch. Innisfree's Golden Arrow et Ch. Innisfree's Star Enchantress, respectivement leader et swing-dog du team Grand Canyon. Chaque chien a une place particulière dans le team. Outre le leader (chien de tête, pas nécessairement le plus fort de la meute, mais le plus rapide et le plus obéissant), on trouve les swing-dogs (chiens remplaçants du leader, connaissant eux aussi les ordres), les team-dogs (chiens sans rôle particulier) et les wheel-dogs (les chiens les plus puissants : attachés devant le traîneau, ils tirent la majorité du poids)

Seppala, se consacra exclusivement aux Huskies et ajouta à ses sujets norvégiens, quatre chiens : Kruvanka, Tserko, Volchock et Laika's Bilka, acquis directement en Sibérie par Olaf Swenson, un marchand de fourrure américain amateur de chiens. Elle y joignit deux chiens nés en Alaska, Bonzo et Tosca.

A la suite de son divorce, Mrs. Ricker (désormais Nansen) amena tous ses chiens au Canada, à Saint-Jovice, auprès de H. Weeler, et les produits de cet élevage influencèrent toute la Nouvelle-Angleterre. Entre-temps, Eva « Short » Seeley et Lorna Demidoff entrèrent dans le cercle des initiés.

Innisfree's Brandy (Etats-Unis), propriétaires S. Monville et W. Kistemann (B)

Farha des Navajos, Champion mondial Brno 90, propriétaire M. Benotti

Le standard

Avant d'aborder les détails du standard, il me semble utile de rappeler ce qu'est un standard : la description des caractéristiques morphologiques et psychologiques d'une race canine. Ce standard est élaboré par l'organisme cynophile national du pays auquel la race appartient (les Etats-Unis dans le cas présent). Il est homologué par la Fédération cynologique internationale (FCI) pour chaque état qui en est membre. Le standard en Europe est celui de la FCI (d'abord approuvé par l'American Kennel Club le 18 avril 1979. Le 9 octobre 1990, l'AKC, sur une proposition du Siberian Husky Club d'Amérique (SHCA), a donné son accord à une révision du standard, en place depuis le 28 novembre 1990, document que l'on consultera pour de plus amples informations. Nous en donnons ici les caractéristiques principales, en mettant en évidence les points les plus significatifs.

Aspect général

Le Husky sibérien est un chien de travail, de taille moyenne, d'aspect général vif et léger. Son allure est élégante et souple. Son corps légèrement compact, au poil fourni, ses oreilles droites et sa queue en brosse rappellent ses origines nordiques. Son allure est unie et apparemment facile.

Le Husky est un chien de traîneau et il est bâti en conséquence : tout son corps reflète l'équilibre entre la puissance, la vitesse et la résis-

ENSEMBLE CORRECT

SQUELETTE

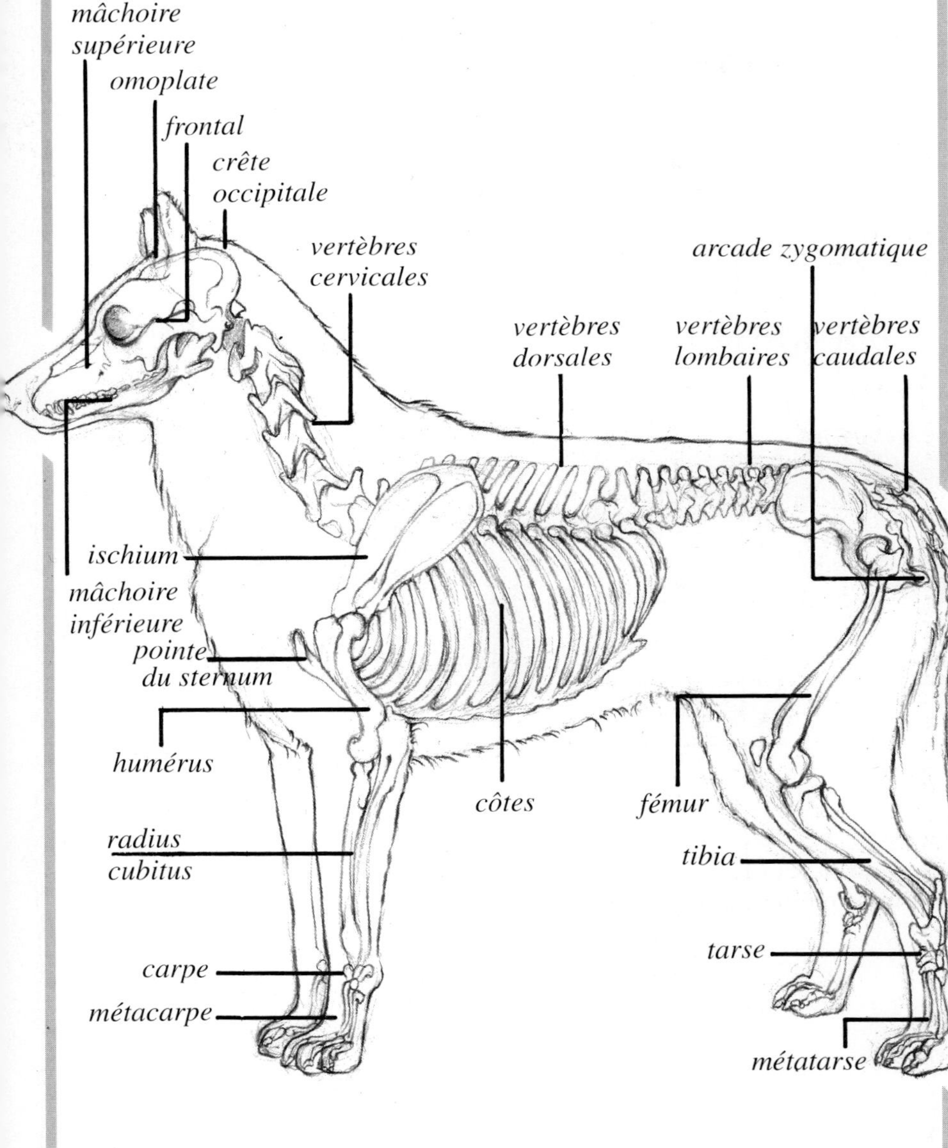
mâchoire supérieure
omoplate
frontal
crête occipitale
vertèbres cervicales
arcade zygomatique
vertèbres dorsales
vertèbres lombaires
vertèbres caudales
ischium
mâchoire inférieure
pointe du sternum
humérus
côtes
fémur
radius
cubitus
tibia
tarse
carpe
métacarpe
métatarse

PARTIES DU CORPS

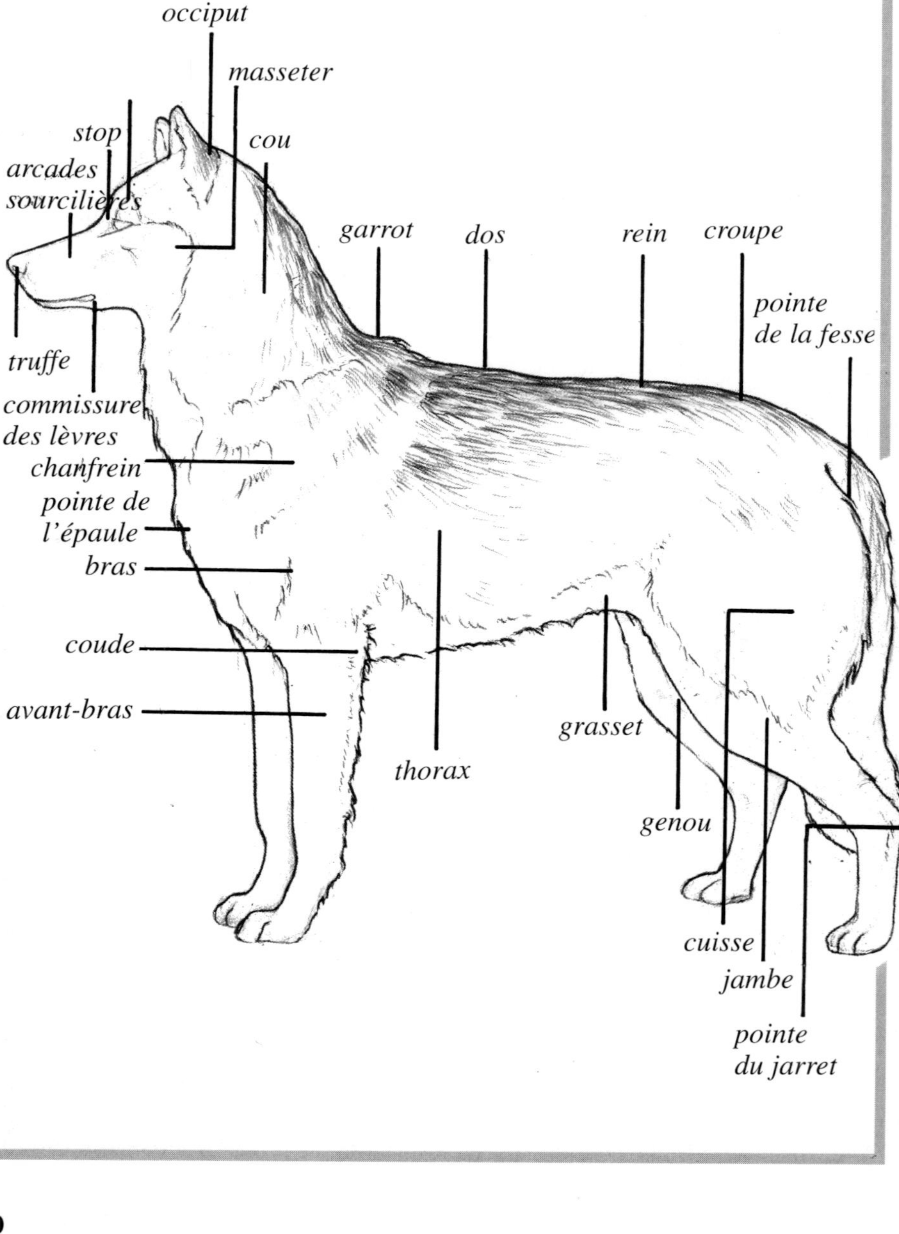

tance. En tant que chien de travail, il doit être musclé mais jamais lourd ou grossier.

TAILLE ET POIDS

Mâles :	*- de 53,54 cm à 59,69 cm au garrot ;*
	- de 20,34 kg à 27,24 kg
Femelles :	*- de 50,80 cm à 55,88 cm au garrot ;*
	de 15,87 kg à 22,68 kg

Tête

Dans le standard, ce terme regroupe crâne, museau, oreilles, yeux et truffe.
Leur forme permet d'identifier et de différencier les races, mais les différences de races ont toujours à l'origine des motivations qui dépassent le simple facteur esthétique : elles sont toujours liées au lieu où vit le chien.
Nombre des caractéristiques du Husky se retrouvent chez d'autres animaux qui vivent dans des conditions atmosphériques semblables, par exemple le loup boréal et le renard arctique.

TETE DE TROIS QUARTS

Crâne

De grandeur moyenne, il est proportionné au corps et, légèrement arrondi au sommet, il se réduit progressivement du point le plus large jusqu'aux yeux.

Museau

Il est de longueur moyenne : la distance de la truffe au stop est égale à la distance du stop à l'occiput. Le stop est marqué et le chanfrein est droit, du stop à la pointe du

TETE DE PROFIL

museau. Le museau est de longueur moyenne et diminue vers la truffe. Le bout du museau n'est ni pointu, ni carré. Les lèvres sont bien pigmentées et concordent parfaitement ; les dents se ferment en ciseaux.

La forme du crâne et du stop est donc fonctionnelle et le standard précise qu'elle est « bien définie ». Comme le note Volker Shon dans son commentaire, un stop prononcé sert à intercepter l'air chaud expiré, pour qu'il forme un

TETE DE FACE

PROPORTIONS CORRECTES

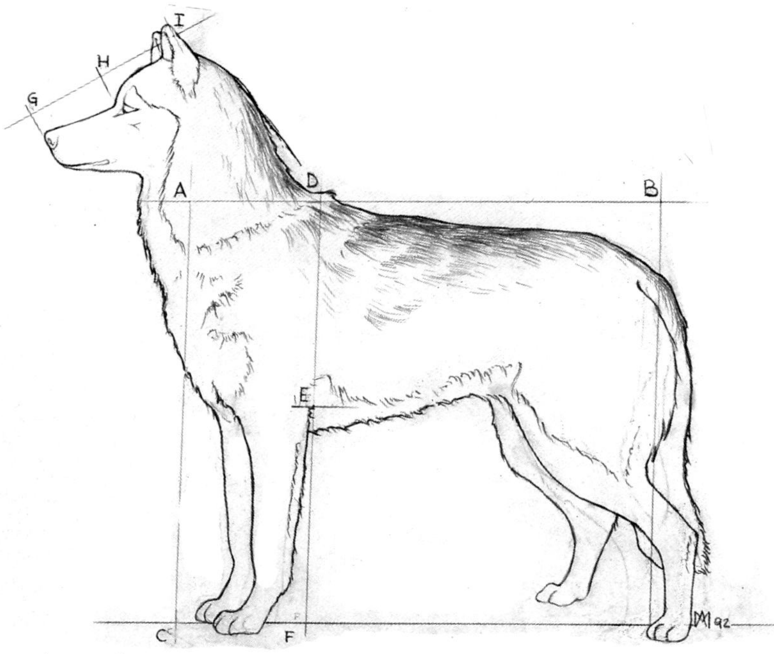

AC = hauteur au garrot

AB = longueur du tronc (légèrement supérieure à AC)

EF = légèrement supérieure à ED

GI = longueur de la tête

GH = HI

coussinet d'air protecteur du front et des yeux : un stop peu marqué le ferait au contraire refluer plus vite.
La forme du chanfrein a également pour rôle de réchauffer l'air froid inspiré.
Notons que les chiens de traîneau travaillent gueule fermée, lorsque les températures sont très basses.

Oreilles

Elles sont de grandeur moyenne, triangulaires, rapprochées, épaisses et largement recouvertes de fourrure ; elles sont un peu arquées sur le dessus, très droites, les pointes légèrement arrondies dirigées vers le haut.

Les oreilles, petites et garnies de fourrure doivent garder la chaleur et offrir le moins de superficie possible à la morsure du froid : comme chez beaucoup d'animaux sauvages, elles sont droites et sont ainsi moins sujettes aux inflammations et aux infections.

Dunivak de Bleue Fontaine, élevage et propriétaire Isabelle Travadon (F). Une belle tête est toujours une bonne « carte de visite », même pour les moins experts

Yeux

En forme d'amande, ils sont modérément espacés et légèrement obliques, de manière à être protégés au maximum. Ils peuvent être marron ou bleus ; les yeux vairons ou hétérochromes sont admis.

BLEU : UNE MODE ?

En ce qui concerne la couleur des yeux, il n'y a pas de variante dans le standard de 1990, où sont admis « les yeux de couleur différente » (dans le texte : eyes may be brown or blue in color ; one of each or parti-colored are acceptable.)

Velykayas Inti-Raymi : iris hétérochrome et œil bleu (propriétaire et photo A. Rampini)

L'œil bleu ne doit pas être pénalisé par le jury.
Quand une race est « à la mode », on assiste à la multiplication d'éleveurs improvisés à la recherche de gains faciles qui suivent la demande du marché ; dans le cas du Husky, le public demande l'œil bleu.
Lorsqu'on sait que l'œil bleu est un caractère qui va en disparaissant, on comprend que pour avoir des sujets aux yeux bleus, on doit travailler dans des rapports de consanguinité étroits qui peuvent entraîner chez les chiens de graves défauts physiques, ou pire, psychologiques.

Kristmas Kazan, masque écrin et yeux bleus. On a beaucoup discuté de la couleur des yeux. D'après le standard, l'hétérochromie et l'œil bleu ne sont pas pénalisables

Truffe

Elle est noire chez les chiens gris, marron foncé ou noirs ; rouge sombre chez les chiens « copper » (roux, fauves et cuivrés). Elle peut être de couleur chair chez les chiens blancs immaculés. La truffe rayée de rose, dite « nez de neige » est acceptée.

Défauts de la tête

Doivent être considérés comme des défauts : *une tête lourde ou grossière, une tête trop fine. Un museau trop pointu, trop grossier, trop court ou trop long ; un stop peu prononcé ; des oreilles trop grandes par rapport à la tête, trop éloignées, pas assez droites. Des yeux trop rapprochés ou trop obliques.*

DEFAUTS DU CRANE

trop fin

lourd

DEFAUTS DU MUSEAU

trop pointu, menton fuyant

lourd, museau trop court

DEFAUTS DES YEUX

obliques, inclinés vers le bas

ronds et grands

DEFAUTS DES OREILLES

placées trop latéralement

grandes

DENTS

*Il est bon de donner quelques précisions sur la denture.
En premier lieu, le standard précise « fermeture en ciseaux » ; cela signifie que tout autre type de fermeture est mauvais. Rappelons que, chez un chien, tout est utile et la denture en ciseaux est certainement la plus courante.
De plus, le standard ne dit rien sur les dentures incomplètes, comme pour beaucoup d'autres races. Le Husky est un chien de travail qui exerce son activité dans des conditions particulièrement difficiles. Il y a donc des choses plus fondamentales que l'absence de telle ou telle prémolaire.
Il faut donc pénaliser uniquement les anomalies congénitales et non pas les dents manquantes ou les fractures dues à des accidents.*

Tronc

Selon le standard américain, il comporte le cou, les épaules, le garrot, le thorax, le dos, les reins et la croupe, décrits de la manière suivante : *le cou est de longueur moyenne, galbé. L'omoplate est oblique et forme avec le sol un angle à 45 degrés. Les ligaments et les muscles qui unissent l'épaule à la cage thoracique sont solides et puissants. La poitrine est profonde et forte sans être trop large. La ligne du dos, du garrot à la croupe, est horizontale et de longueur moyenne. Le dos est droit et sec. La croupe est inclinée par rapport à la colonne vertébrale mais jamais abrupte au point de gêner la poussée des membres postérieurs. De profil, la longueur du corps, de l'épaule à la croupe est légèrement supérieure à la hauteur.*
Cette description doit être examinée avec soin car le mouvement du chien en dépend ; et c'est particulièrement important chez le Husky puisque celui-ci ne doit pas seulement courir, mais aussi tirer une charge.
La façon dont est bâti un chien indique son mouvement : un sujet correct d'un point de vue anatomique aura le bon mouvement.
Par exemple, lorsqu'il est en mouvement, un sujet correctement bâti tend son cou vers l'avant ; un chien dont l'angulation du cou est mauvaise garde la tête dressée et gâche ainsi inutilement son énergie.
Le cou et la tête servent de balancier pour équilibrer le tronc pendant le mouvement.
Le cœur et les poumons ont eux aussi un rôle important et, pour avoir le meilleur rendement, ils doivent non seulement être suffi-

ANGULATION CORRECTE

samment développés, mais aussi avoir assez d'espace pour fonctionner : d'où le besoin d'une poitrine profonde. Celle-ci ne doit cependant pas être trop large, car alors elle laisserait de l'espace au cœur et aux poumons mais empêcherait le mouvement des membres antérieurs, de même qu'un thorax trop incliné, c'est-à-dire sous la ligne du coude. Dans les deux cas, l'allure de trot rapide serait compromise car elle amènerait les membres antérieurs à s'aligner sur une ligne parallèle au dos, dans l'axe du corps.

Défauts du tronc

On doit considérer comme des défauts : un cou trop court et épais ou, à l'inverse, un cou trop long ; des épaules droites, ou tombantes ;

SUJETS INCORRECTS

dos faible

ligne dorsale inclinée

une poitrine trop large ou « en tonneau » ; des côtes trop plates ou faibles.
Un *dos faible ou peu soutenu*, un *dos de carpe ou* une *ligne supérieure inclinée* sont d'autres défauts.

SUJETS INCORRECTS

trop léger et ventre de lévrier

tronc court et lourd

SUJETS INCORRECTS

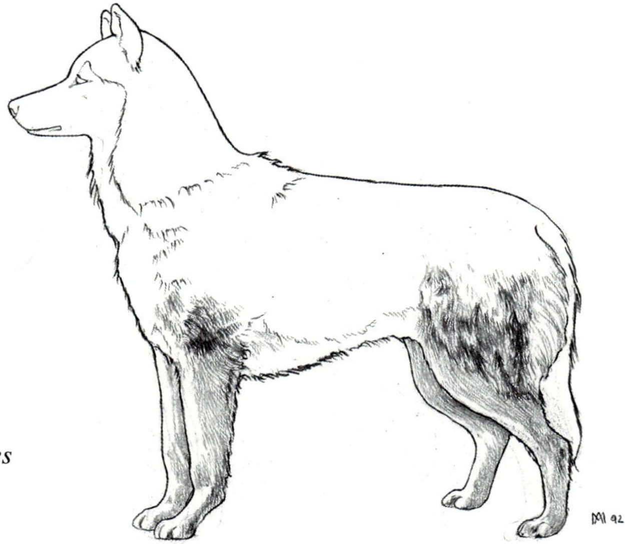

court sur pattes et métacarpe trop incliné

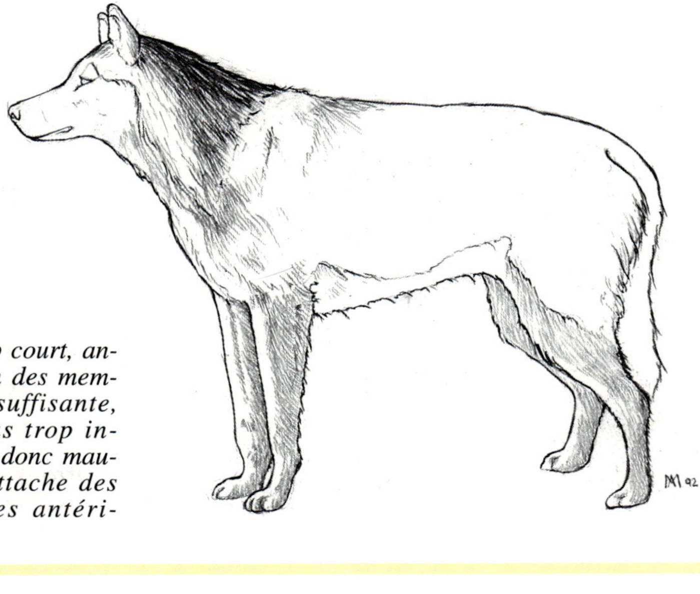

cou trop court, angulation des membres insuffisante, humérus trop incliné et donc mauvaise attache des membres antérieurs

Membres

Membres antérieurs

Lorsque le chien est en station debout et de face, les membres antérieurs sont légèrement espacés, parallèles et droits. Les coudes adhèrent au corps sans être tournés vers l'extérieur ou vers l'intérieur. Vus de profil, les canons métacarpiens sont légèrement inclinés, l'articulation du carpe étant solide mais flexible. L'ossature est forte sans jamais être lourde. La longueur du membre antérieur, du coude au sol, est à peine supérieure à celle du coude au sommet du garrot.

APLOMBS ANTERIEURS

incorrects : étroits et panards

corrects

incorrects : thorax large et pieds cagneux

Membres postérieurs

Légèrement espacés et parallèles.
Les cuisses sont bien gigotées, musclées et puissantes, avec une bonne angulation du grasset. L'articulation du jarret est nette et basse.

Pieds

De forme ovale mais non allongée, ils sont de taille moyenne, compacts et couverts de fourrure entre les doigts et les coussinets plantaires qui sont durs et épais. Les pieds ne doivent tourner ni vers l'intérieur ni vers l'extérieur.

APLOMBS POSTERIEURS

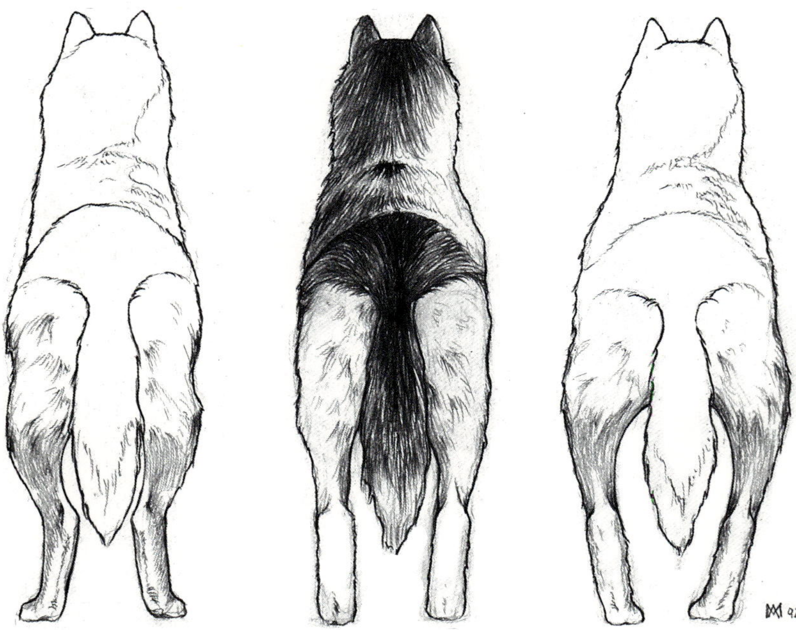

incorrects : panards — *corrects* — *incorrects : cagneux*

Défauts des membres antérieurs et postérieurs

Faiblesse des canons métacarpiens ; ossature trop lourde ; membres antérieurs trop étroits ou trop larges ; coudes en dehors.
Membres postérieurs de vache, trop fermés ou trop ouverts ; grasset trop raide.
Des *pieds faibles ou aux doigts ouverts* sont également mauvais. Même chose pour des *pieds trop grands ou disgracieux*, des *pieds trop petits et graciles ou encore* des *pieds rentrés ou sortis*.

PIEDS CORRECTS

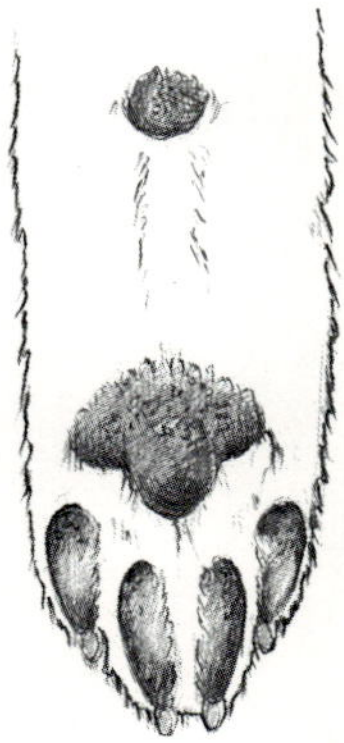

plante correcte

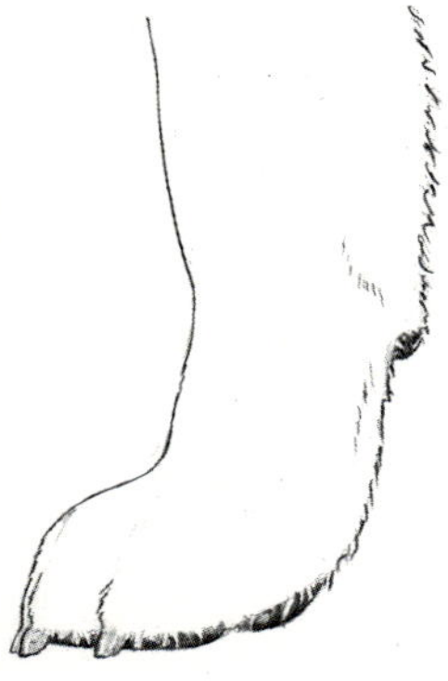

pied ovale

PIEDS INCORRECTS

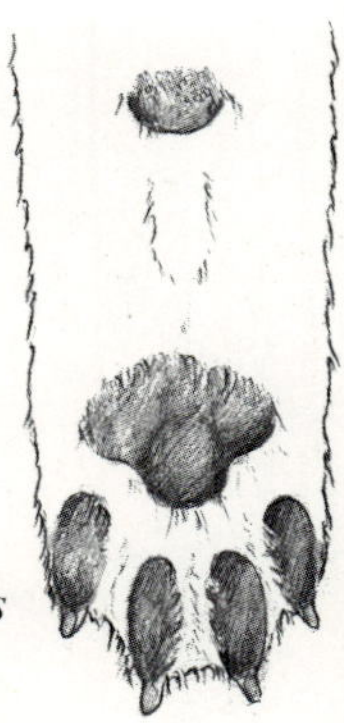

doigts ouverts

de chat

Queue

La queue, bien garnie de fourrure, ressemble à celle d'un renard. Elle est attachée à peine en dessous du dos et elle est portée haut, en courbe gracieuse. Elle ne doit pas s'aplatir sur le dos. Le chien au travail ou au repos laisse traîner sa queue. Le poil est de longueur moyenne et couvre toute la surface de la queue, lui donnant l'aspect d'une brosse ronde.

Innisfree's Long Shadow « Jimmy » (Etats-Unis), provient d'un élevage américain prestigieux, propriétaire J. Vallerino Nazarri

Innisfree's City Cowboy (Etats-Unis), propriétaire S. Monville et W. Kistemann (B)

QUEUE CORRECTE

au repos

en alerte

QUEUE INCORRECTE

en chandelle — *enroulée sur le dos*

Défauts de la queue

Une queue trop enroulée ou rabattue sur le dos n'est pas admise, de même qu'*une queue empanachée ou attachée trop haut ou trop bas*.
Le standard définit la queue dans ses aspects esthétiques, mais elle a pour un Husky d'autres fonctions importantes : protection contre le froid et « gouvernail » lorsque le chien marche.
Une attache correcte est également primordiale pour le travail d'un chien de trait car elle est étroitement liée à une bonne musculature et une bonne angulation.
De plus, une longueur et un port de queue corrects sont importants pour garder les caractéristiques typiques de la race.

Allure

Elle résulte d'une angulation correcte et doit être régulière et aisée. *La démarche est légère et, quand le chien est sur le ring d'exposition, il doit être mené sans tendre la laisse à un trot relativement rapide pour mettre en valeur l'extension des membres antérieurs et la propulsion des postérieurs. A mesure que la vitesse augmente, les membres s'inclinent graduellement vers l'intérieur jusqu'à ce que les pieds s'alignent dans l'axe longitudinal du corps (*single-track*).*
Quand les empreintes convergent, les pattes antérieures et postérieures vont droit vers l'avant, les coudes et les grassets ne tournant ni

MEMBRES ANTERIEURS EN MOUVEMENT

incorrects : les membres sont trop fermés — *corrects* — *incorrects : légèrement ouverts*

MEMBRES POSTERIEURS EN MOUVEMENT

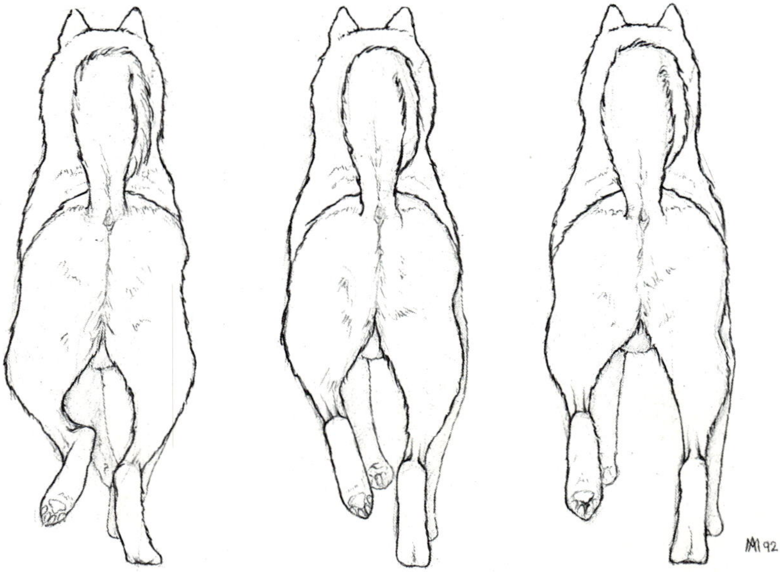

incorrects :
les membres sont trop fermés

corrects

incorrects :
ouverts

vers l'intérieur ni vers l'extérieur. De chaque côté, le membre postérieur vient se placer dans l'empreinte du membre antérieur.

Toutes les parties du corps contribuent à ce résultat : un animal, par exemple, dont les grassets auraient une angulation correcte mais des épaules droites, aurait une allure disgracieuse et une angulation trop différenciée entre les membres antérieurs et postérieurs.

Une allure correcte résulte donc d'un corps harmonieux mais aussi d'une bonne condition physique.

Un chien au poids trop élevé ou pas assez musclé ne pourra produire les mouvements requis par le standard, indispensables pour évaluer un sujet.

Le mouvement doit donc être *régulier* et *léger* avec une *bonne extension antérieure* et une *bonne propulsion postérieure*.

Robe

La robe du Husky est double et de longueur moyenne, abondante mais jamais au point de cacher le profil net du chien. Le sous-poil est doux et dense. Il doit conserver la chaleur du corps. *Le poil de couverture est raide sans être hirsute ou hérissé.* Légèrement plus long et plus épais que le sous-poil, le poil de couverture sert d'« imperméable » contre la neige et l'eau pour que le sous-poil reste sec et que le chien résiste aux basses températures.

Une robe tachetée de noir ou de marron est appelée « peinte ». Le Husky est une des rares races pour lesquelles toutes les variantes de couleur de robe et d'œil sont autorisées. Rappelons que la valeur d'un sujet ne dépend pas de sa couleur mais de sa généalogie et de sa morphologie générale. Propriétaire du sujet : Renata Gili Lovati

EXEMPLES DE MASQUES

COULEUR

Toutes les couleurs sont admises : du blanc immaculé au noir.
La robe du Husky peut être de n'importe quelle couleur et même si cela n'est pas mentionné dans le standard, on rencontre souvent des sujets qui vont du marron foncé aux différentes teintes de roux. En Europe, on trouve aussi facilement des sujets tachetés de marron ou de noir.
Le masque facial est une caractéristique de la race : il existe différentes couleurs et formes. Aucune n'est privilégiée.

Défauts

Poil long, rêche ou hérissé ; texture trop dure ou trop soyeuse.
Le standard n'indique pas de longueur du poil particulière ; il insiste, par contre, sur sa texture dont les défauts nuisent à la beauté du chien mais aussi à sa survie (dans la neige).

Caractère

Le Husky est caractérisé par sa douceur et sa gentillesse, mais aussi par son éveil et sa curiosité. Il n'a pas le naturel possessif du chien de garde et n'est pas particulièrement méfiant envers les étrangers, ni agressif avec les autres chiens.
L'adulte est souvent réservé et digne.
Le Husky est un chien de meute qui travaille avec l'homme : il faut donc être très attentif à la sélection et à l'élevage des chiots durant leurs premiers mois.
Les chiens au comportement excessivement agressif envers leurs semblables ou l'homme ainsi que les chiens trop timides sont à pénaliser.

Le caractère

L'homme a toujours sélectionné son chien en fonction de son travail et de son habitat.
Les peuples nordiques vivaient dans un environnement dur où un animal faible ne survivait pas. L'animal devait donc développer très vite ses capacités pour s'en sortir. Ces peuples étaient pacifiques et voyaient toujours arriver un hôte avec joie, l'ennemi étant rare et repérable de loin. La chasse était pour les hommes et les animaux, l'unique source de nourriture et la survie d'une famille dépendait souvent de la rapidité du déplacement vers un territoire de chasse plus riche.
C'est dans ces conditions que le Husky a été sélectionné : *chien de meute et de trait*. Très intelligent, d'une intelligence utile avant tout à sa survie. Le chiot est très vite capable de se débrouiller seul et de nous juger comme étant ou non dignes de sa confiance et de son amitié, et dans un deuxième temps, dignes d'être obéis. Il ne le fera jamais aveuglément, car dans certaines circonstances, un ordre erroné peut conduire à la mort.
Il estime donc toujours s'il est juste ou non d'obéir au « chef », image par ailleurs indispensable dans une meute qui se respecte ; mais si le chef venait à disparaître, il serait

Ediack de Bleue Fontaine à deux mois, élevage et propriétaire Isabella Travadon. Certains comportements sont instinctifs et d'autres acquis. Ils sont la réponse à des stimulations du milieu environnant. L'apprentissage du jeune détermine la formation de son caractère

tout à fait prêt à en accepter un autre, à condition qu'il s'en montre digne.
Il est absolument incapable de monter la garde, au contraire il accueille l'étranger, d'abord avec curiosité, puis en lui faisant fête, étant même prêt à aller « faire un tour » avec lui. Pour un Husky, l'homme n'est jamais un ennemi.
L'instinct de chasseur, indispensable pour survivre dans la nature, est par contre très vif chez le Husky et ne pourra être supprimé.
Lièvres, lapins, écureuils, poules, oiseaux et même chèvres et cochons sont pour lui des proies irrésistibles : un bon chef de meute pourra contenir cet instinct du chien, mais pas l'éliminer.
Etant donné l'importance du chef de meute, il faut expliquer son rôle et comment on peut l'utiliser dans l'éducation d'un chien de meute tel que le Husky.
Au sein de la meute sauvage, le chef commande sur la base de ses capacités : il dirige la chasse et sait mettre la meute à l'abri en cas de danger. C'est en somme le plus astucieux, le plus sage, le plus fiable. Le Husky, qui a un sens développé de la hiérarchie sociale est tout à fait prêt à obéir à un chef de meute correct.

Nice White Navel du Grand Canyon, propriétaire Maura Bensi Allegri. La curiosité fait partie de l'apprentissage. Il est donc normal qu'un chiot comme celui-ci cherche, flaire et goûte. Comme un enfant, il est toujours en mouvement et toujours à la recherche de nouvelles expériences : le devoir de son maître est de lui éviter les ennuis

Chiots de cinq (en haut) *à dix jours* (à droite) *de l'élevage du Marginone. Le chiot commence à sentir les odeurs après une semaine, alors qu'il a le sens du toucher dès la naissance*

S'il est difficile, voire impossible, de devenir le chef de meute d'un Husky adulte, il est certainement plus facile de l'être pour un chiot qui a besoin d'un chef à suivre.
Notre chiot, sorti de l'élevage dans lequel il occupait une place précise au sein de la meute, se retrouve dans un univers peuplé de bipèdes sans poils et de machines bruyantes ; il est évident que tout cela peut le terroriser et qu'il doit donc y être habitué avec calme et équilibre. Et, comme le ferait un vrai chef de meute, nous devons lui montrer que cette réalité est normale et que nous sommes de son côté.
Les premières situations qu'on devra affronter avec son chiot sont marquées par des rencontres-affrontements avec des objets qui lui sont inconnus, comme par exemple de grands morceaux de papier voltigeant autour de lui, etc. ; dans ces situations, le maître doit donner le « bon exemple ».
Il s'approche de l'objet en question, le touche et en rapporte l'odeur au chiot qu'il amène, avec beaucoup de douceur, en lui parlant, vers la difficulté. Il agira de la même manière, en utilisant les mêmes mots dès que cette situation se présentera à nouveau. Ainsi, la confiance du chiot en un chef cohérent et toujours présent, grandira.
La façon dont on agira dans des situations d'« agression » par d'autres chiens est de toute première importance dans la conquête de la confiance du chiot. Si le chiot est agressé, le maître ne doit pas se comporter comme un père inquiet le ferait : ses cris effraient le chiot et ne le mettent pas en situation de

UN CHEF DE MEUTE DOIT TOUJOURS ETRE COHERENT ET COMPETENT

Une conduite logique est indispensable.
Ce qu'on ne permet pas à son chiot aujourd'hui, on ne peut le lui permettre demain : le chiot, dont le caractère se forme, met souvent son maître à l'épreuve.
On doit réussir à faire comprendre au chiot qu'on veut être son maître et qu'on est digne de sa confiance. De cette façon, il acceptera les leçons qu'on lui donnera et reconnaîtra en son maître, un chef de meute valable.
Si l'on comprend la notion de cohérence, il est tout à fait naturel d'agir de façon à obtenir la confiance totale de son Husky. On l'obtient en lui apportant un soutien psychologique constant dans les situations qu'il devrait affronter seul, ayant été éloigné de sa mère et de ses frères, sa première meute.

Enjoy the Silence du Whymper des Grandes Jorasses pendant ses premières explorations, propriétaire G. Ruaro. Vers quatre mois, le Husky s'éloigne de son territoire pour découvrir le monde. Il faut donc l'éduquer patiemment

pouvoir se défendre, car ils bloquent les mécanismes innés qu'il a développés en grandissant parmi ses frères. De même, le retenir en laisse permet au chien agresseur d'avoir le dessus.

Si l'adversaire est détaché et seul, il convient de libérer aussi le Husky qui saura très bien se débrouiller tout seul. Si, au contraire, il est accompagné de son maître, une action coordonnée, comme saisir chacun son chien par la queue et le soulever, est la solution la plus pratique et la plus intelligente ; en effet, les chiens ne s'apercevront même pas de l'intervention humaine et, désorientés, lâcheront prise (voir *Psychologie canine* de William Campbell).

Actif et vigilant

Le Husky est gai, très vif, doux, docile et on peut le dresser facilement : il est capable d'apprendre comme un chien de n'importe quelle race, à condition qu'on soit capable d'enseigner ! Il ne pourra jamais devenir un chien de défense car un vrai Husky n'attaque jamais l'homme.

Sa formation ancestrale et son utilisation par un peuple qui a valorisé certains de ses dons en le débarrassant de toute agressivité, se reflètent chez le chien contemporain. Le Husky n'obéit pas aveuglément mais il doit avoir de bonnes raisons pour cela, il doit respecter et aimer l'homme qui le dresse. Cet homme n'est pas pour le Husky un monarque absolu, mais un « x » qui doit lui démontrer qu'il vaut plus que lui et est donc digne de son amour, de son respect puis de son obéissance.

Nombreux sont les Huskies capables d'exécuter les exercices « agility » et « obedience » : aux Etats-Unis, ils participent habituellement à des compétitions de ce type et sont souvent des champions. De même, dans les états européens, on trouve des Huskies en mesure d'effectuer tous les exercices qui incombent aux chiens du service civil, même si je répugne à les définir adaptés à ce genre de travail.

L'eau n'est pas spécialement contre-indiquée au Husky. Certains aiment jouer et courir dans l'eau, d'autres évitent même les flaques. Ne le forcez jamais : le Husky est fait pour la neige, ce n'est pas un Terre-Neuve (photo A. Brizio)

Est-il adapté à une maison isolée ?

Contrairement à d'autres peuples tels les Samoyèdes qui possédaient des troupeaux de rennes, les Chukchi étaient surtout des peuples de chasseurs : les chiens n'étaient utilisés que pour le trait, pour se déplacer rapidement d'un territoire à l'autre.

C'était un peuple nomade, sans territoires limités, ou propriété à défendre et donc sans la nécessité d'un chien de garde. Et puisque l'homme sélectionne le chien pour avoir une aide efficace, il va de soi que le Husky n'avait même pas les bases nécessaires pour le devenir.

Un chien de garde a un territoire à contrôler et à défendre, avec des limites précises qu'il ne franchit pas et qu'il ne permet pas aux autres de franchir ; il doit toujours être attentif et prêt à avertir l'homme si un étranger s'approche ou entre dans le territoire qui lui est confié.

Un Husky accueille amis et voleurs avec la même cordialité, de même qu'il les ignore s'il est occupé ailleurs. Il ne sait pas aboyer contre l'intrus ou le mal intentionné et les

Shari de Ferranietta. Le Husky est un chien de grands espaces. Il n'a pas de territoire limité et va là où le mène son envie de courir. L'homme doit donc lui apprendre à obéir

cas de Husky volés dans des jardins ou des voitures ne sont pas rares. Aussi, à la question « Est-il adapté à une maison isolée ? », la réponse est définitivement : « Non ! ». On risquerait en rentrant chez soi de ne pas le retrouver.

Peut-on le laisser seul ?

Le Husky a toujours été utilisé pour un travail de groupe, tirer un traîneau. Pour obtenir un rendement maximum, la meute doit être homogène, ce qui est plus facile si les chiens vivent ensemble.
Le sens du groupe est à la base de la construction mentale du Husky. La meute, composée en milieu naturel de quatre à cinq chiens, est strictement hiérarchisée, chaque acte soigneusement réglé, de la chasse à la répartition des proies, de l'accouplement au soin de la progéniture, et ses membres sont liés par un sentiment profond de solidarité.
Séparer un Husky du groupe, c'est le dénaturer, mais bien peu de gens peuvent se permettre une meute de Husky, et un bon succédané de la meute canine est une « meute » humaine. Un chiot équilibré trouvera vite sa place dans la famille, à condition que tous soient prêts à y collaborer et que quelqu'un assume le rôle du chef.
On réussit ainsi à l'éduquer et à l'habituer, petit à petit, à rester seul, sans qu'il détruise par dépit ou ennui trop de tapis ou de meubles et sans que le jardin ne devienne un champ de bataille ; bien que cela ne soit pas pour lui la solution la meilleure.

Avec les autres, avec les enfants

Ses rapports avec les hommes sont toujours empreints de la plus grande cordialité, il ne mord jamais, ni un ami, ni un inconnu et même pas un ennemi. C'est là l'héritage de son ancêtre : le petit chien des Chukchi, sélectionné également pour son caractère.

Hommes et chiens vivaient en contact étroit, dans des lieux où l'étranger était rare et toujours accueilli avec joie et où l'hospitalité était de règle, car c'est d'elle

Ci-dessus, *« Pippi en Toscane », femelle de l'élevage de Likidado, propriétaire Anna d'Entreves. Seule une bonne éducation limite la vivacité du Husky*

A gauche : *photo de famille avec « Bleue Fontaine », propriétaire Isabella Travadon. La meute est indispensable au Husky. Il est très proche de ses ancêtres loups et l'habitude d'un travail commun l'amène à rechercher une meute. Celle-ci est ordonnée par une hiérarchie précise et unie par un sentiment profond de solidarité*

Hemmaruka des Longues Ombres et son jeune ami Pier Stefano. Enfant et chien : une vieille complicité. Le Husky n'y fait pas exception. Mais il n'acceptera pas d'être soumis par jeu. Un enfant réussit rarement à se montrer supérieur à un Husky : ce dernier sera l'égal de son compagnon de jeux à deux pattes. Ci-dessous *: deux « chiots » de Ferranietta*

que dépendait la survie des uns et des autres. Si un chien restait seul, il risquait la mort. Il lui fallait donc trouver un homme avec qui vivre.

C'est donc un chien qui ne crée aucun problème lié à l'agressivité, mais s'il n'est pas éduqué, son extrême cordialité peut en créer : il se lance joyeusement vers un inconnu, adulte ou enfant, simplement parce qu'il lui est sympathique, et certains, dans notre société, n'acceptent pas de telles démonstrations d'affection.

Délicatesse, patience, soumission : telles sont les qualités qu'on recherche chez un chien pour le définir adapté aux enfants : le Husky n'y correspond pas.

Un Husky n'accepte pas les « blagues », il ne devient ni le jouet ni le bouffon de personne. Or, malheureusement, pour la plupart des gens, un chien pour les enfants doit être soumis : un Husky, surtout jeune, obéit difficilement à celui qu'il considère comme un égal et non comme un chef. Un enfant ne pourra éduquer un Husky, à moins d'être assez âgé et doté d'une bonne préparation cynotechnique. Même ainsi, l'enfant ne pourra pas sortir « son chien », ce sera plutôt le chien qui sortira « son enfant ».

Le Husky recherche la compagnie, il ne tient pas compagnie : il n'est pas à la disposition de celui qui a envie de jouer mais joue uniquement s'il en a envie.

Innisfree's Harrigan « Lupus », Champion européen des Jeunes en 89, Champion européen 90 (Etats-Unis), propriétaire S. Monville

Kadyak's Cadet of Innisfree (Etats-Unis), propriétaire I. Travadon

Comment comprendre son chien et s'en faire comprendre ?

Par le Prof. Marina Verga

Il nous est arrivé à tous de remarquer la variété de signaux que les chiens utilisent, tant avec d'autres chiens qu'avec l'homme : signaux vocaux, comme gémir, aboyer ou grogner ; signaux visuels, comme se baisser sur les pattes arrière pour inviter au jeu, ou baisser les oreilles et la queue en signe de crainte. Tous ces signes, et beaucoup d'autres, comme les signaux olfactifs transmis surtout par l'émission d'urine, font partie d'un « langage », qui est le système de communication propre à chaque espèce. Effectivement, à l'intérieur de chaque espèce, les animaux communiquent entre eux par des messages qui leurs sont propres.

Communiquer... pourquoi ?

Le langage est évidemment signe d'un certain niveau de sociabilité, c'est-à-dire du développement d'une vie sociale au sein de laquelle chaque individu trouve sa place et son rôle par rapport aux autres. Système avantageux, tant pour l'individu que pour le groupe. C'est en effet grâce aux indications du groupe que l'individu trouve la possibilité de se nourrir et de s'accoupler, c'est-à-dire de survivre et de se reproduire. Quant au groupe, il reste cohérent sans que ses membres luttent continuellement entre eux.

De plus, la communication entre membres d'un groupe social, permet une défense plus assurée contre le danger, qui est signalé rapidement, même à distance, par des messages sonores.
Le chien fait partie des espèces très développées socialement, étant en l'occurrence une espèce riche en signaux de communication, surtout visuels, sonores et olfactifs.

Les messages du museau

Les expressions du museau sont fondamentales dans le langage canin, particulièrement chez les races qui peuvent modifier la position des oreilles. Celle-ci, ainsi que celle des lèvres, nous révèlent les intentions du chien. En résumé, on peut retenir les points suivants :

– un regard fixe et attentif, la pupille rétrécie, accompagné quelquefois d'un grognement sourd et d'un léger hérissement du poil du dos, est un signe de menace ;
– un regard baissé et fuyant est signe de timidité, mais s'il sous-entend la peur véritable, il peut devenir un signal d'attaque ;

Expressions typiques du Husky sibérien (photo A. Brizio)

- un regard attentif, accompagné d'un battement de queue, d'un aboiement et d'une inclinaison du corps vers l'avant, peut signifier « veux-tu jouer avec moi ? » ;
- un regard languide et « parlant », presque implorant, le chien pouvant être assis et avoir l'eau à la bouche, signifie tout simplement que le chien attend patiemment sa pâtée ;
- un regard absent, une position apathique et une faible réaction à son entourage peuvent indiquer la maladie, d'origine physique ou nerveuse ; parfois, un tel regard précède de réelles crises de nerfs qui peuvent entraîner des réactions très agressives et absolument imprévisibles, pouvant même être dirigées contre l'homme.

Les messages du corps et de la queue

Le corps du chien, dans son ensemble, est capable de transmettre un « discours », que ce soit en changeant de posture ou en hérissant le poil jusqu'à donner l'impression qu'il a augmenté de volume. Le principe général est simple : plus la pose est imposante (oreilles dressées, poil hérissé, station debout), plus elle montre une domination sur l'environnement, y compris sur les autres chiens et les hommes ; à l'inverse, plus la pose est humble (queue entre les jambes, oreilles basses, position rampante), plus l'intention du chien est de se montrer soumis, vaincu, ou « amoureux » dans le cas d'un mâle courtisant une femelle en chaleur.

La signification du battement de queue n'est pas encore très claire : nous comprenons tous le message de notre chien quand il arrive vers nous en remuant la queue avec sa laisse, sa gamelle ou sa balle dans

Le regard et toutes les expressions de la tête indiquent les intentions du Husky (photo A. Brizio)

ROLE DE LA QUEUE SELON CERTAINS AUTEURS

Elle pourrait être :

a) un signal social ou sexuel, dans la mesure où elle couvre et découvre la zone anale et génitale, la cachant ou la montrant aux autres pour éveiller leur attention ;

b) un signe du rang social de l'individu à l'intérieur de la meute, dans la mesure où l'intensité et l'ampleur du battement de queue peut indiquer le contrôle de son émotivité par l'animal.

Silver Moon et Silver Fable, deux jolies sœurs dans une pose typique. Souvent des liens se créent au sein de la meute et deux sujets passent leur temps ensemble à jouer ou dormir : si ce sont deux femelles, elles vont même jusqu'à échanger leurs chiots (photo A. Brizio)

la gueule, et nous l'interprétons comme le désir d'aller en promenade, d'avoir à manger, ou de jouer avec nous.
Cependant, le chien remue la queue, même dans des situations de rivalité avec d'autres chiens, avec une signification agressive. Ce comportement se manifeste d'ailleurs déjà chez le chiot durant la tétée et, en général, quand il est en compétition avec ses frères. Chacun peut, d'un mouvement de queue, signaler sa présence, en répandant son propre signal olfactif qui, comme on le verra plus loin, est un autre système de communication important.
Le battement de queue dans l'attente du jeu ou d'une récompense, est un signal infantile que le chien adulte gardera envers ses semblables et l'homme.

CE QUE PERÇOIT LE CHIEN

Certains sont convaincus que le chien perçoit si une personne a des intentions amicales ou un sentiment de crainte, etc. En réalité, l'animal peut montrer qu'il a compris des messages transmis par l'homme, ne serait-ce que par la position de son corps.

Que dit le chien lorsqu'il « parle » ?

Les messages sonores sont largement utilisés par le chien pour communiquer, y compris sur de grandes distances. On connaît les chœurs qui se déclenchent aux heures les plus impensables quand, alors qu'on dort du sommeil du juste, les chiens de tout le voisinage se signalent mutuellement un bruit suspect ou simplement le passage de quelqu'un. Et on connaît aussi l'aboiement furieux de certains chiens qui signalent ainsi à leur propriétaire que quelqu'un s'approche de la maison, ce qui est naturel en tant que système de défense de son territoire par le chien, mais quelque peu fastidieux pour le propriétaire, autant que pour ses voisins !
C'est toutefois l'un des buts de la communication sonore : signaler un danger au groupe, de manière à pouvoir préparer la défense immédiatement.
Les messages sont différents selon le type de voix utilisé : le chiot signale à sa mère qu'il a froid, faim ou besoin de soins en gémissant ; l'adulte signale à ses compagnons en aboyant qu'il faut être attentif au danger qui se présente ou à une proie ; le mâle signale à la femelle, par toute une série de sons variés, son ardeur amoureuse.

Fireball du Grand Canyon, propriétaire Giulio A. Bernardini

Comment communiquer oralement avec son chien ?

Beaucoup pensent que le chien « comprend » la signification des mots les plus variés et des discours les plus complexes, au point de pouvoir instaurer avec lui un véritable dialogue, que ce soit pour le récompenser ou pour manifester son désaccord. La seule certitude, c'est que le chien apprend à associer un signal donné à son comportement : par exemple, il peut associer le mot « viens » au fait de s'approcher de nous et au fait de recevoir une récompense ; ou encore le mot « assis » au fait de s'asseoir devant nous pour recevoir immédiatement une caresse accompagnée d'un « c'est bien ! » ; ou les mots « va-t-en » en réponse à sa tentative de grimper sur notre divan préféré, suivi d'un « non » de désapprobation.
A travers de telles associations, on instaure ce qu'on appelle « l'apprentissage par condition-

nement », c'est-à-dire que le chien apprend qu'il y a une relation entre un certain signal sonore et son comportement. Le mot-signal correspondant à chacun des messages que nous voulons transmettre n'a pas d'importance, la chose la plus intéressante étant d'utiliser toujours le même mot pour chaque message, sur le même ton et en faisant les mêmes gestes. Sans cela, le chien serait dérouté et on ne pourrait plus attendre de lui qu'il comprenne des signaux différents et y obéisse, même s'ils veulent dire la même chose.

Quand le chien aboie sans raison...

Il arrive souvent que le chien tente littéralement d'assourdir son entourage en aboyant sans cesse et on entend des propriétaires désespérés dire « je ne sais plus ce qu'il faut lui donner ou lui dire pour le faire taire ».
Mais lorsqu'on sait qu'aboyer est pour le chien un système de communication, il est logique de constater que notre attention et notre réponse, loin de faire taire le chien, l'encouragent à aboyer. C'est donc au propriétaire de faire la différence entre l'aboiement « motivé » et l'aboiement inutile. Il faut prêter attention au premier et ignorer le second, pour que l'animal puisse remarquer quand son système de communication est approuvé ou non. Par exemple : si votre chien aboie longuement après vous avoir apporté sa balle, ne pensez pas qu'il arrêtera si vous le faites jouer, car il recommencera très vite.
Si, au contraire, vous lui apprenez à obéir à un commandement de silence, alors vous pourrez lui lancer la balle pour jouer avec lui, en le récompensant largement de son silence.

Les signaux olfactifs et la marque du territoire

Si vous avez un chien mâle, vous avez sans doute remarqué que, durant les promenades quotidiennes, si d'autres chiens sont présents, et surtout si vous allez dans un endroit peu familier, sa première préoccupation est de « marquer » d'urine tous les objets verticaux présents : arbres, roues d'automobiles, angles d'immeubles, etc. De cette manière, votre chien signale aux autres chiens sa présence et qu'il est éventuellement prêt à s'accoupler avec les femelles disponibles. Le message olfactif est basé sur l'émission d'odeurs à travers l'urine, la matière fécale, la salive et certaines glandes ; dans les périodes de chaleur, des « phéromones » sont émises. Ce

Une jeune femelle, propriété de madame I. Zirri (photo A. Brizio)

sont des sécrétions dont l'odeur particulière indique la disponibilité pour l'accouplement.
Le marquage du territoire est plus intense de la part des animaux « dominants », qui affirment de cette manière leur position. Un tel comportement peut être réduit par la castration.
Le fait de creuser des trous dans le sol peut également être un système de marquage du territoire.

Lorsque le chien salit la maison

Ce comportement pénible est caractéristique d'un chiot à peine introduit dans le milieu familial et va en diminuant, jusqu'à disparaître lorsque l'animal, après une éducation adéquate, a appris qu'il ne doit « salir » qu'à l'extérieur du milieu domestique. Si un tel comportement dure, il peut être le signe d'un état pathologique (le chien, malade, ne peut se retenir) ou d'une mauvaise éducation ou encore d'un trouble du comportement. Le « syndrome de l'abandon » en est un exemple, quand le chien ne salit la maison que lorsqu'il est seul. L'« urine de soumission » est un cas particulier : le chien urine en plus ou moins grande quantité, par exemple au retour de ses maîtres, après être resté seul, ou quand il a été réprimandé ou encore lorsqu'il

QUELQUES REGLES DE COMMUNICATION AVEC LE CHIEN

- *Le chien est un animal social : son comportement est déterminé par ses caractéristiques d'espèce et de race et par le milieu dans lequel il vit, de l'âge de chiot à celui d'adulte. Pour lui donner une éducation correcte et afin d'obtenir un animal équilibré, il faut communiquer avec lui et comprendre ses messages, dès qu'il est chiot, car c'est surtout dans cette première période de sa vie qu'il a le plus de capacités d'apprentissage.*
- *Si vous voulez « soumettre » votre chien (à condition d'avoir d'abord établi votre « domination » sur lui), prenez-le par la peau du cou comme le fait la mère avec ses chiots.*
- *Regarder un chien dans les yeux est un signe de défi.*
- *Des stimulations particulières, tels que des chapeaux, des uniformes, des tenues hors normes, comme la blouse du vétérinaire, peuvent provoquer des réactions de fuite ou d'agressivité chez le chien non habitué.*
- *Parfois, le chien peut mal réagir même à des stimulations apparemment neutres, du moins à nos yeux. En général, cela arrive parce que l'animal associe ces stimulations à des expériences particulièrement négatives ou traumatisantes vécues auparavant.*
- *On ne doit pas s'approcher d'un chien inconnu les bras levés, en gesticulant ou en battant des pieds.*
- *Chaque commandement d'obéissance doit être donné avec un message sonore et visuel toujours égal. Si plusieurs personnes s'occupent du même chien, il est important que toutes lui donnent des signaux concordant et que toutes aient les mêmes réactions face à ses comportements.*
- *Les récompenses ou les punitions (pas trop violentes !) ne sont efficaces que si elles sont immédiates et non données quelques heures ou même quelques minutes plus tard.*
- *La communication entre l'enfant et le chien est en général spontanée et réciproque ; toutefois, il vaut mieux contrôler, surtout au début, leurs rencontres afin d'éviter de désagréables malentendus, de part et d'autre.*

Kayuk Ier du Whimper des Grandes Jorasses au repos, propriétaire R. Gili Lovati

est particulièrement agité. C'est un phénomène émotif, qu'on ne résout jamais en punissant : comme pour les cas précédents et pour tous les problèmes de comportement, il est nécessaire de rechercher et de comprendre ce qui est à l'origine du trouble. Une fois exclue toute cause pathologique, on peut essayer d'intervenir pour modifier le comportement de l'animal, si possible de manière durable et même définitive.

La reproduction

Par le
Prof. Luigi Guidobono Cavalchini
et le Dr Carla Cristofalo

L'accouplement

Le choix d'accoupler son chien doit être fait avec soin. Cela nécessite des connaissances spécifiques qui découlent d'une bonne préparation et d'une expérience solide.
Si l'on n'est pas suffisamment préparé, il vaut mieux se fier aux conseils d'éleveurs expérimentés et sérieux. Il est nécessaire d'évaluer les sujets individuellement, mais aussi de connaître la généalogie et les résultats des précédents accouplements.
Les reproducteurs doivent évidemment être sains et ne pas transmettre d'anomalies héréditaires (dysplasie de la hanche, cryptochidie, ectropion, entropion, surdité, cécité, atrophie progressive de la rétine, etc.). Ils doivent, en outre, présenter des caractéristiques morphologiques et un caractère franc et équilibré.
Affronter la gestation, la mise bas et surtout l'élevage et le sevrage des chiots peut être une expérience émouvante et assez agréable à condition d'être prêt à faire des sacrifices, d'avoir du temps et de disposer d'un lieu adapté. Il est en outre nécessaire de prévoir suffisamment à l'avance à qui l'on donnera les chiots sevrés et de quelle manière.
Le chien est une espèce dont les chaleurs et l'ovulation se manifestent en moyenne tous les six mois, mais avec une amplitude très variable (de cinq à douze mois) dépendant autant de l'individu que de la saison. Les chiens sauvages ne sont en chaleur qu'une fois par an en moyenne.

COMMENT S'APERCEVOIR DES CHALEURS ?

• Elles sont d'une durée de trois semaines environ, avec des variations individuelles notables.
• Le comportement de la chienne change : elle devient nerveuse et irascible avec des fugues fréquentes et imprévisibles, à la recherche de mâles.
• Elle joue volontiers avec d'autres chiens, mâles ou femelles, ainsi qu'avec ses maîtres, en imitant l'accouplement.
• Elle urine fréquemment mais très peu à chaque fois, et souvent en levant la patte, comme les mâles.
• La vulve s'élargit et la chienne se lèche fréquemment.
• Elle a de légères pertes vaginales sanguinolentes pendant les neuf ou dix premiers jours.
• L'ovulation a lieu entre le dizième et le quatorzième jour, et la femelle accepte alors le mâle.
• On observe cependant une grande variabilité selon les individus.

La chienne est en chaleur pour la première fois à l'âge de huit à douze mois, mais il vaut mieux ne la faire saillir qu'à partir des deuxièmes ou troisièmes chaleurs, car l'organisme n'est pas encore complètement mûr et une grossesse pourrait en compromettre le bon développement. Les chaleurs se manifestent durant toute la vie de la femelle qui n'est jamais ménopausée ; elles ne cessent donc pas avec la vieillesse.

Il vaut mieux ne pas accoupler la femelle à chaque période de chaleur. Une fois sur deux est une bonne moyenne, de façon à laisser un temps suffisant entre deux grossesses. On déconseille l'accouplement aux chiennes à partir de sept ou huit ans.

Les différentes étapes physiologiques du cycle reproductif sont influencées par de complexes variations hormonales.

La femelle accepte le mâle exclusivement pendant la période de l'œstrus et généralement entre le dizième et le quatorzième jour, même si on trouve des femelles qui acceptent le mâle pendant plusieurs jours et d'autres pour un bref laps de temps : un jour ou même moins.

En général, une fois fécondée, la femelle n'accepte plus le mâle. Il est possible de repérer la meilleure période pour l'accouplement à l'aide d'un examen microscopique, d'un frottis vaginal ou d'une analyse du progestérone.

Les mâles atteignent également la maturité sexuelle vers huit à douze mois, mais il est préférable d'attendre l'année suivante pour les accoupler. Ils sont attirés par l'odeur des femelles qu'ils réussissent à percevoir à des distances considérables.

Le mâle est fécond toute sa vie si

« La femelle doit être féminine » : le standard définit ainsi la femelle, qui ne doit pas avoir de faiblesses morphologiques. Le Husky est un chien de traîneau sur longues distances (photo M. Maniscalchi)

on l'accouple régulièrement ; en revanche, un chien n'ayant jamais sailli avant quatre ou cinq ans pourra difficilement se reproduire plus tard.

Déroulement de la saillie

Généralement, c'est le mâle qui est amené à la femelle au moment où elle se laisse saillir. Le moment le plus favorable peut être mis en évidence par des analyses, mais aussi par le comportement de la femelle qui, lorsqu'elle accepte le mâle, déplace sa queue sur le côté, surtout si on la touche sur le dos. Certaines femelles sont calmes, même en présence de mâles inconnus alors que d'autres, plus nerveuses, ont besoin de temps pour « faire connaissance ». La phase préliminaire est caractérisée par la cour du mâle et par des jeux rituels. Les deux chiens s'amusent et se lèchent jusqu'à ce que la femelle laisse le mâle la chevaucher (saillie) et permette ainsi leur union (copulation). Il arrive que la femelle refuse le mâle de manière énergique et même agressive ; c'est souvent parce que la période n'est pas la bonne, mais la chienne peut aussi, de cette manière, exprimer

LA MEME PORTEE PEUT-ELLE AVOIR PLUSIEURS PERES ?

Il est toujours possible qu'une chienne soit fécondée par plusieurs étalons durant la même période de chaleurs.
En fait, il est possible que plusieurs ovules soient fécondés par les spermatozoïdes d'un mâle et d'autres par ceux d'un deuxième mâle.
Cela peut arriver car la durée de vie d'un spermatozoïde dans l'appareil génital féminin est relativement long. C'est cependant plutôt rare et, de toutes façons, chaque ovule ne peut être fécondé que par un seul spermatozoïde.
Il faut cependant être vigilant, même après l'accouplement, pour éviter à la chienne de « mauvaises fréquentations ».

PLUSIEURS ACCOUPLEMENTS SONT-ILS NEFASTES ?

Une idée fausse est répandue : croire qu'une femelle ayant été accouplée plusieurs fois pendant plusieurs jours peut avoir des ovules fécondés à des moments différents. Cela entraînerait la naissance de certains chiots à terme et d'autres de façon prématurée. C'est une croyance sans fondements biologiques car l'ovulation est provoquée par des stimulations organiques précises et se produit rapidement.
Chez les chiens sauvages, il est normal que les accouplements se répètent plusieurs fois, tant que la femelle accepte le mâle, et cela ne nuit en rien à une grossesse normale. En répétant l'accouplement sur vingt-quatre à quarante-huit heures, on augmente la probabilité de fécondation.

un problème de comportement. Chez les jeunes sujets, il est parfois nécessaire d'aider le mâle et de retenir la femelle, mais il est toujours préférable que les chiens aient tout leur temps pour une saillie naturelle. Durant la saillie, le pénis pénètre dans le vagin, puis le mâle quitte le dos de la femelle et se retourne, sans se détacher d'elle, grâce à une particularité anatomique. Le pénis fléchit d'environ 180 degrés et les deux chiens restent ainsi pendant quinze à vingt minutes, mais ce temps peut varier de cinq à quarante-cinq minutes selon les individus.
Pendant cette deuxième phase, le mâle éjacule. Le volume du pénis diminue et le mâle et la femelle se détachent. Une séparation violente peut provoquer des lésions des ap-

pareils génitaux. Il est donc nécessaire que deux personnes assistent à la saillie dans l'éventualité où il faudrait retenir les chiens pour empêcher une séparation trop brusque.
Un rythme de deux ou trois accouplements toutes les vingt-quatre heures est conseillé.
Au cas où l'on ne réussirait pas à accoupler deux chiens, la fécondation artificielle reste possible.

UN ACCOUPLEMENT INDESIRABLE PEUT-IL AVOIR DES REPERCUSSIONS SUR LES PORTEES FUTURES ?

C'était une théorie courante au début du siècle, mais elle est aujourd'hui totalement réfutée grâce aux connaissances biologiques actuelles.
Selon cette théorie, une chienne qui se serait malencontreusement laissée « séduire » par un bâtard, en supporterait les conséquences négatives jusque sur les portées suivantes.
Il n'y a aucune raison de s'inquiéter : chaque grossesse est le résultat d'un accouplement et ne peut être influencée que par le mâle de cet accouplement précis.

La gestation

Elle dure en moyenne soixante à soixante-trois jours. Mais il est difficile de savoir avec précision à quel moment se produit la fécondation des ovules, car les spermatozoïdes peuvent vivre assez longtemps dans l'appareil génital féminin. On a vu des cas de gestation durant cinquante-sept à soixante-douze jours après l'accouplement. Il est judicieux de noter les dates de chaque accouplement. Chez le chien, la fécondation de l'ovule ne se produit pas immédiatement après l'ovulation mais a besoin d'une période de maturation de deux à trois jours.
Pendant le premier mois de gestation, la femelle ne montre pas de signe particulier. C'est seulement à partir du second mois que l'on remarque la prise de poids abdominale. Au cours de la grossesse, le poids peut varier de 20 à 55 %.
En période de gestation, une chienne a besoin d'exercice physique, avec au moins une promenade quotidienne ; il vaut mieux éviter cependant les efforts trop violents et les sauts.
Pendant le deuxième mois, le régime alimentaire doit être amélioré et on peut donner deux repas quotidiens, en évitant cependant que la chienne ne grossisse trop.
Une semaine avant l'« heureux événement », il faut préparer une « couche » de mise bas.

DIAGNOSTIC DE LA GROSSESSE

• Il s'effectue entre le vingtième et le vingt-cinquième jour après l'accouplement, par palpation abdominale, avec cependant une grande marge d'erreur qui dépend de la masse de l'animal, de son poids et de la possibilité que l'on a de palper son abdomen.
• A la même période, une échographie permet de relever les formations embryonnaires et le battement cardiaque des fœtus.
• Après quarante-six à cinquante jours, une radiographie permet de voir la formation osseuse des fœtus.
• Il n'existe pas, comme pour d'autres espèces, de tests rapides.

La mise bas

Lorsque le terme approche, la femelle est inquiète, creuse des trous et cherche un « nid ». La veille, elle ne mange pas et, les douze à vingt-quatre heures précédant la mise bas, sa température rectale chute d'un degré centigrade. Il est donc bon de surveiller la température pendant quelques jours, toujours à la même heure, et de la noter. Il faut que la chienne ait un endroit où mettre bas. Elle doit avoir à sa disposition un endroit écarté et tranquille, une « couche »

Dawn, mère aimante, avec ses chiots de quatre jours, propriétaire M. Soloni

de mise bas : on peut prendre une caisse en bois, avec des dimensions variables selon le poids de la chienne. Pour un chien de taille moyenne, elles sont de 80 x 100 centimètres, avec des bords de 30 à 40 centimètres. On peut également disposer à l'intérieur, à 5 centimètres de hauteur environ, une balustrade pour éviter que la mère n'écrase ses chiots. On peut clouer une moquette au fond, mais il faudra la changer régulièrement. Durant l'hiver, en l'absence de chauffage, on peut mettre au-dessus une lampe à infrarouges, en faisant attention à ne pas trop chauffer. Pendant la mise bas, la chienne doit être le plus au calme possible. Elle n'a généralement pas besoin de l'aide de l'homme, mais il vaut mieux garder un œil sur elle.

Les chiots se présentent généralement par la tête, les membres antérieurs tendus vers l'avant, mais on rencontre fréquemment la position de siège, sans complications pour la mise bas. Par contre, si le chiot ne présente que la tête ou un seul membre antérieur, la naissance sera difficile ; il ne faut en aucun cas tirer, car les tissus du chiot sont encore très fragiles et pourraient subir des lésions graves. Il suffit de seconder la mère dans les poussées qu'elle effectue à intervalles

Dawn de la Vallée du Muto, chiot de cinquante jours, propriétaire Maurizio Soloni

réguliers. La femelle, surtout lors de la première mise bas et si elle a plus de trois ans, peut avoir du mal à expulser le premier chiot et mettre une heure pour le faire.
Chaque chiot est enveloppé d'un sac transparent (l'enveloppe amniotique) que la chienne déchire juste après l'expulsion (il peut aussi se rompre pendant la mise bas) et qu'elle mange. Le chiot est ensuite poussé à respirer par sa mère qui le lèche soigneusement après avoir rompu le cordon ombilical en le mordant au niveau de l'abdomen. Elle pousse ensuite le chiot vers ses mamelles. Le placenta est expulsé avec le cordon ombilical ou cinq à dix minutes après la naissance du chiot, et il est mangé par la mère. Deux ou trois heures peuvent s'écouler entre chaque chiot, surtout entre le premier et le second, puis l'intervalle diminue. Quand la chienne est stressée, le dernier chiot peut être expulsé dix-huit heures après le premier ! La durée de la mise bas est donc variable. Selon le nombre de chiots et l'état de la mère, elle peut durer quatre à six heures ou se prolonger jusqu'à vingt-quatre heures, sans complications.
Dans tous les cas, si la mise bas dure plus de huit heures, il est préférable de consulter un vétérinaire.

Velikaya's Silver Fable, une fille d'Innisfree's Long Shadow (Etats-Unis), propriétaire et élevage Isabella Zirri (photo A. Brizio)

A la naissance, le chiot a seulement le sens du toucher, qu'il utilise pour trouver sa mère

Durant la mise bas, les pertes sont verdâtres, avec des traces rosées ; elles sont très odorantes sans être putrides.

Si au contraire, elles apparaissent jaunes, purulentes ou malodorantes, elles peuvent signifier une infection de l'utérus qui représente un danger réel pour la mère et les petits. Les mêmes pertes verdâtres peuvent aussi précéder la mise bas et sont dues à la formation d'hématomes consécutifs au détachement du placenta. En cas de difficulté, on peut procéder à une césarienne, que le vétérinaire effectue sous anesthésie générale. Vingt-quatre heures après la mise bas, on doit faire examiner la chienne, surtout si elle a de la température.

Il faut également vérifier que l'utérus évolue normalement. Dans les jours qui suivent la mise bas, l'utérus expulse les membranes et le sang coagulé. Si ce phénomène se prolonge, si les pertes

Never MacGill, fils de la championne Ilkha (photo A. Brizio)

sont anormalement abondantes ou odorantes, il faut consulter le vétérinaire.
Si un grand nombre de chiots ont vu le jour, une forme de tétanie peut faire son apparition chez la chienne. Elle est due à une carence en calcium qui est pompé par le lait qu'elle produit.
Après la mise bas, la femelle passe son temps dans la couche et il est difficile de l'en éloigner. Il faut être vigilant car elle peut se montrer très agressive envers les étrangers et les autres chiens : l'instinct la pousse à défendre sa progéniture.
La femelle allaite durant quarante à cinquante jours, jusqu'au sevrage, mais dès le vingt ou vingt-cinquième jour, on peut la seconder avec une alimentation artificielle pour chiots. Durant la lactation, il faut vérifier que les mamelons ne sont pas douloureux et qu'ils donnent tous du lait.

LA MISE BAS EST PROCHE...

• Une à deux semaines avant, les mamelons durcissent et la sécrétion de lait peut commencer, mais elle peut aussi tarder jusqu'à l'avant-dernier jour.
• Deux à trois jours avant, la chienne est plus calme, elle s'isole et mange moins.
• Douze à vingt-quatre heures avant, la température rectale diminue d'environ 1° C. La musculature pelvienne et abdominale se relâche. La chienne boit, mais ne mange pas.
• Douze à vingt-quatre heures avant, la chienne respire plus vite, elle creuse des trous et ronge des objets : elle prépare une couche où mettre bas.

La grossesse nerveuse

Cette pathologie est assez fréquente, y compris chez des chiennes normales. Les symptômes apparaissent deux mois après les dernières chaleurs et rappellent ceux d'une véritable grossesse : faim, soif, inquiétude et même parfois prise de poids abdominale et vomissements.
La lactation apparaît au dernier stade et comporte de sérieux problèmes d'inflammation car il n'y a pas de chiots pour téter le lait.
La cause de cette pathologie semble être la production excessive de progestérone.

Le choix du chiot

L'homme a toujours vécu avec des animaux, chevaux, moutons, bovins, volailles, etc., tant pour vivre que pour être aidé dans ses travaux ; mais le chien est celui qu'il a utilisé aux fins les plus différentes. Chien de berger, de chasse ou de traîneau, le chien a toujours été le compagnon de l'homme, auprès duquel, avec l'évolution des mœurs et de la culture, il a gagné une place privilégiée. Il est passé du statut d'« outil de travail » à celui de « compagnon ». Seul le chien accède au rang d'ami de l'homme. Et c'est dans cette optique qu'il faut s'adresser au chien : c'est ainsi qu'il donnera le meilleur de lui-même, à celui qui le comprend, l'aime et le respecte.

A un certain moment de sa vie, on ressent le besoin d'un compagnon à quatre pattes, et si on s'oriente vers un chien de race, le choix à faire est important. Tout le monde sait que chaque race a des caractéristiques différentes, aussi bien physiques que psychologiques. Selon les besoins, le choix se portera sur des races différentes : le berger, le chasseur, ou le propriétaire d'une maison isolée qui cherche la sécurité (et pas un antivol !) se tournent vers des races bien précises. Pour celui qui cherche simplement un compagnon, le choix est très vaste.

Une encyclopédie du chien peut être utile pour une première sélection ; en lisant les standards, on trouve des informations générales. Une fois choisies la ou les races qui vous intéressent le plus, il est

Champion canadien Konyak Kopper Boy du Loup Polaire, propriétaire P. Rahier (B)

Best of Breed du Whymper des Grandes Jorasses, propriétaire R. Gili Lovati. Le Husky est un chien de traîneau, mais si on veut l'exposer dans les concours de beauté, il faut le préparer : un collier adapté, une laisse fine et surtout le dressage au ring sont indispensables pour l'évaluation

préférable de s'adresser à des éleveurs sérieux car eux seuls peuvent expliquer les avantages et les inconvénients de la race. On peut se procurer leur adresse auprès de la Société centrale canine (SCC) ou du Siberian Husky Club de France.
Les expositions canines organisées ou patronnées par la Société centrale canine sont les endroits les meilleurs pour rencontrer les éleveurs et voir leurs produits. De tels événements ne sont pas des « foires de la vanité », mais une étape importante dans l'activité d'un éleveur qualifié. A cette occasion, il confronte ses sujets à ceux des autres éleveurs et peut évaluer les meilleurs sujets pour de futurs accouplements.
A ce stade, on est arrivé à l'avant-dernier maillon de la chaîne, l'éleveur, qui aidera au choix du chiot. Le choix de l'éleveur est primor-

Champion canadien Nootka's Nikita of Blok, propriétaire M. T. Manco (B). Pour arriver à conquérir le titre de champion, il faut être préparé au ring. La présentation n'est pas tout mais elle est importante

dial. Un éleveur consciencieux connaît ses chiots physiquement bien sûr, puisqu'il les a nourris, soignés, vaccinés ; mais aussi et surtout, psychologiquement : il a joué avec eux en leur apprenant à aimer l'homme, il les a aidés à acquérir les bases de futurs rapports équilibrés avec les autres chiens.

Le chiot, une fois adulte, sera en contact constant avec l'homme ; il doit donc apprendre à ressentir sa présence de manière positive. Dès les premiers jours de sa vie, il convient de toucher délicatement le chiot et de lui faire entendre des voix humaines, toujours douces et basses. Il rencontrera plus tard des chiens au caractère plus ou moins équilibré et la tâche de l'éleveur est de lui apprendre à « vivre en société ». Il ne peut le faire qu'en laissant le chiot au contact de ses frères au moins pendant les deux ou trois premiers mois, afin qu'il puisse développer ses instincts innés de défense et d'agressivité.

Il faut laisser le chiot jouer avec des adultes patients ; il apprendra ainsi à ne pas agresser plus tard d'autres chiots ou des chiens qui font acte de soumission.

Tout ceci n'est qu'une petite partie du travail de l'éleveur : c'est pourquoi il faut toujours s'adresser à des professionnels compétents.
Il ne faut cependant pas demander l'impossible : l'éleveur ne pourra reconnaître pour vous dans un chiot de soixante jours un futur champion ou un leader de meute, mais certainement un sujet sain et équilibré. Et c'est l'essentiel pour un chiot : la santé et le caractère.
Il est judicieux d'observer les parents, même si ce n'est pas souvent déterminant. Le milieu et le lieu dans lequel les chiots ont grandi, ainsi que les méthodes d'élevage, sont par contre primordiales. Il ne faut jamais se laisser séduire par un « petit museau ado-

Champion européen, Hare Belle du Grand Canyon, propriétaire Alessandra Ulivieri : beau et gentil. Un Husky bien bâti est toujours à la hauteur de la tâche pour laquelle la race a été sélectionnée et en mesure de figurer sur le ring des concours de beauté

rable » s'il est accompagné d'un caractère trop timoré ; cela pourrait donner un adulte trop timide et, si le maître est inexpérimenté, cela poserait un problème dans la vie quotidienne.
L'éleveur reste le plus compétent en ce qui concerne ses chiots.

Les problèmes que peut causer le chien

L'achat d'un chiot n'est pas comparable à celui d'une bicyclette qu'on peut toujours mettre au garage si on ne s'en sert pas. Un chien est un être vivant, avec les mêmes

Chiots de vingt-cinq jours. Vers le vingt et unième jour, le chiot commence à se mouvoir et à connaître le territoire autour de sa couche. Il commence à utiliser des comportements innés comme présenter son ventre pour se soumettre aux adultes. Il explore le monde des humains. Du vingt et unième au cinquantième jour, le mécanisme d'imprinting commence

Black Goblin de Ferranietta, un jeune de sept mois, propriétaire G. Odasso

droits que nous. Si l'on n'a pas l'intention de les lui reconnaître, il vaut mieux s'abstenir de le ramener à la maison. Un chien a le droit de vivre bien, et le Husky exige beaucoup.
Un chiot Husky pose les mêmes problèmes que tous les autres : pleurs nocturnes, destructions diverses, trous dans le jardin, etc. De plus, il exige une présence continue, et par présence il faut entendre les capacités de son maître à lui apprendre à vivre avec lui, à l'aimer et donc à lui obéir. On ne peut confier son Husky à quelqu'un pour lui apprendre à obéir : il n'obéira qu'à son maître parce qu'il l'aime et non parce que « c'est le plus fort ».
Quand on aime voyager au loin ou passer ses vacances dans des hôtels luxueux où un chien n'est pas accepté, on n'a pas le droit de laisser son chien en pension pour deux ou trois mois : il vivra cette situation comme un abandon et s'y adaptera mal. De plus, les pensions ne sont souvent pas en mesure d'accueillir un chien qui peut sauter un mètre quatre-vingts ou creuser des tunnels profonds pour s'enfuir.
Le Husky n'est pas fait pour ceux

qui aiment leur intérieur propre. Ses mues impressionnantes recouvriront maison et objets deux ou trois fois par an. Il n'est pas l'idéal non plus pour les passionnés du jardinage : il déterrera consciencieusement les bulbes, mangera les bourgeons et dépouillera les jeunes arbres de leur écorce. Il sera l'accompagnateur joyeux du promeneur mais aussi le chasseur acharné de tout ce qui bouge autour de lui. Il faudra donc toujours le garder à portée de voix... et d'œil !

Mais, pour qu'il réponde à l'appel

Jmerinka du Loup Polaire avec son chiot Flam'boy, propriétaire Hélène Buira (F)

Champion reproducteur, Kanadian Kappa (photo A. Brizio)

de son maître, il faut l'éduquer dès les premiers mois de vie commune.

L'âge idéal

L'âge auquel ramener le chiot chez soi dépend de deux facteurs : la santé et la formation du caractère.

Kiska des Longues Ombres avec ses fils Suomi, Sally et Speaker. Il ne faut pas éloigner les chiots de leur mère avant le soixante ou soixante-dixième jour. Vers cinquante jours, le chiot est vacciné, mais le vaccin n'est efficace qu'après cinq à dix jours : il est donc déconseillé de l'emmener à la maison avant. De plus, il apprend à ce moment-là à se comporter avec les adultes, en développant les comportements qui lui serviront plus tard avec les autres chiens (photo Maniscalchi)

Il doit être vacciné après cinquante jours contre la parvovirose, la maladie de Carré et l'hépatite. Ses vaccins ne sont toutefois efficaces que cinq à dix jours après l'inoculation, il ne faut donc pas amener

le chiot chez soi avant l'âge de soixante jours.
Pour former un caractère correct, il est indispensable que le chiot vive avec sa mère et ses frères jusqu'à l'âge de deux mois et, si possible, avec d'autres chiens adultes. C'est ainsi qu'il apprendra les règles de comportement d'adulte.
Les chiots retirés trop tôt de leur portée sont souvent des adultes peu sûrs d'eux et parfois agressifs envers l'homme.
Instaurer un bon rapport avec l'homme est surtout le travail de l'éleveur : en effet, le chiot de soixante jours doit avoir une bonne connaissance des hommes et, si possible, des enfants. Il sera ainsi capable d'affronter le monde extérieur à son territoire et sans l'appui de sa « meute » d'origine.

Chiots de deux mois. Les huit premières semaines sont déterminantes pour un Husky : il doit apprendre à vivre. La vie en meute est indispensable car il apprend les règles de base du comportement avec les autres chiens. Le contact avec l'homme est tout aussi fondamental (photo A. Brizio)

Mâle ou femelle ?

Le choix du sexe est très subjectif et il est difficile de conseiller l'un plutôt que l'autre.

Velikaya's Eleanor Rigby, jeune femelle, propriétaire Carla Diana

Le mâle est toujours plus impressionnant mais aussi plus lourd et impétueux. La femelle est plus petite, en général plus douce et apte à apprendre.
Le Husky a un caractère indépendant et il est plus développé chez le mâle : s'il sent un étranger sur « son territoire », il se précipite pour enquêter ; de même, s'il sent l'odeur d'une femelle en chaleur, il cherche aussitôt à la rejoindre.
Quant à la femelle, en période de chaleurs, elle laisse des traces dans la maison, bien que le Husky soit très propre, et elle reçoit la visite plus ou moins appréciée par le propriétaire et les voisins, de ses courtisans qui laissent des traces sonores... et odorantes !

Où l'acheter ?

Quand une race est à la mode, de nombreux « points de vente » se créent et cela pose de gros problèmes pour la conservation de la race.
Le chiot doit être acheté auprès d'un éleveur sérieux, de façon à avoir toutes les garanties, qui vont

Chiots de l'élevage du Whymper des Grandes Jorasses. Quand on décide d'acheter un chiot, il faut penser aux inconvénients. Un chiot réclame de l'attention, le Husky particulièrement !

de la certitude d'avoir un sujet sain à celle de savoir à qui s'adresser en cas de problème.
De plus, si le chien en grandissant présente des défauts imputables à l'éleveur, celui-ci sera disponible. On pourra compter sur lui, y compris pour éventuellement échanger le chien.
D'autres sources existent cependant.

Le particulier

Le propriétaire privé d'une chienne qui a eu des chiots est, le plus souvent, aux petits soins pour sa chienne et sa portée. Mais il peut faire le choix de revendre les petits à un prix inférieur à celui du marché lorsqu'il ne peut les garder. Il faut cependant toujours s'informer des soins sanitaires que les chiots ont reçus.

L'élevage amateur

Cette définition indique un vrai passionné de la race, qui possède peu de reproducteurs, s'occupe des accouplements et expose ses

Lozhniy des Longues Ombres, un grand chiot, propriétaire Silvia Audo Gianotti

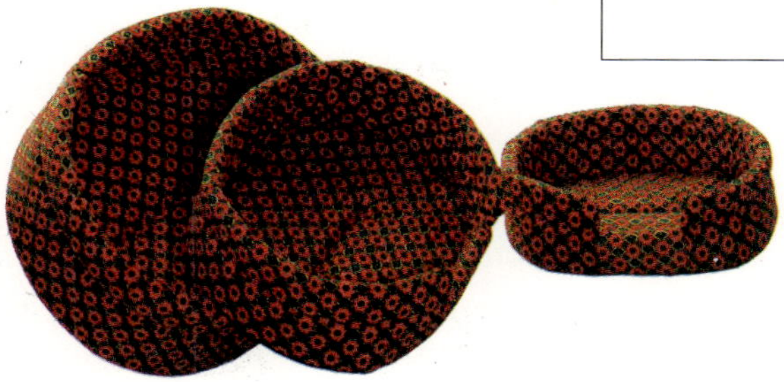

Différents modèles de paniers

chiens aux expositions. Bref, il jette les bases d'un véritable élevage. Malheureusement, certains sont des escrocs dont le seul but est de vendre des chiens, qu'ils achètent d'ailleurs souvent à d'autres.

Pour aider tous ceux qui veulent acquérir un Husky, le Siberian Husky Club de France a créé un service « SOS Husky » qui s'occupe de placer ou de replacer des chiens : contactez Mme Ouaki au (1) 39 93 27 26.

L'éducation

Où peut-il vivre ?

Le Husky peut vivre partout, à condition que son maître reste conscient qu'il est un chien de traîneau.
Il faut donc se préoccuper non seulement de ses besoins physiques, en lui faisant faire de longues promenades et en lui donnant une alimentation correcte, mais aussi de ses besoins psychologiques : le Husky est un chien de meute qui déteste la solitude.
Il faut l'aimer et être un ami fiable pour lui, ainsi qu'un « chef de meute » reconnu. Il acceptera ainsi n'importe quelle situation et pourra y faire face.
Qu'on vive en ville ou à la campagne, il est indispensable de l'éduquer pour pouvoir le laisser libre et jouir pleinement de sa vitalité débordante. Il est aussi intelligent et curieux : si on a un jardin, il faut le clôturer soigneusement, pour éviter qu'il aille explorer les jardins et les poulaillers des autres où il ne recevrait pas le meilleur accueil.
On déconseille au propriétaire d'un Husky de se servir d'une télécommande, par exemple, pour ouvrir la grille du jardin, car le chien en comprendra vite le fonctionnement et en profitera pour se glisser dehors à la première occasion. Si on a un grand jardin, où il y a de nombreuses allées et venues, il est préférable de construire pour le chien, un enclos où il sera possible de l'enfermer.
Le Husky ne convient pas à tout

Dream Dushka et Clint, propriétaire Oudin Voilet (F). Un plancher élevé est indispensable pour protéger le Husky de l'humidité dont il souffre beaucoup comme d'autres races de chiens. Cela l'aide en outre à satisfaire sa curiosité car la vue est plus large

Kickshaw du Grand Canyon, femelle de douze mois, propriétaire Maura Bensi Allegri

le monde. A notre avis, il ne doit pas vivre toujours seul dans le jardin : d'abord parce qu'aucun chien n'aimerait cette situation et de plus parce que le Husky ne peut et ne doit pas rester seul. Cela le rendrait malheureux et il risquerait en plus d'être volé très facilement : rappelons que le Husky ne se méfie jamais des inconnus. Quel que soit le lieu où on le fait vivre, on doit toujours lui laisser un endroit frais où passer les heures les plus chaudes et un coin tranquille où il pourra se réfugier. Enfin, nous le répétons, on doit lui tenir compagnie. Nous sommes convaincus qu'entre un parc de 10 000 mètres carrés où il sera tout seul et un appartement de 120 mètres carrés où il vivra avec ses maîtres, le chien préférera la seconde solution.

L'équipement d'un Husky est le même que celui des autres chiens : collier de toile (qui abîme moins le poil) pour les promenades et les sorties à la campagne, une longue laisse (il est souvent interdit de laisser les chiens en liberté dans les villes), un collier étrangleur (en toile ou en « chaînette ») et une laisse ne dépassant pas un mètre et demi pour les promenades et le dressage.

En appartement, il lui faudra un panier ou un tapis lavable ; s'il

Oppium Parfum du Grand Canyon, propriétaire Sciacero

vit au dehors, une niche protégée du froid et de la chaleur excessive, au toit plat de préférence car le Husky aime être en hauteur, ce qui lui permet d'observer les alentours. Il ne boit pas beaucoup, mais on doit veiller à ce qu'il ait de l'eau à sa portée. La nourriture doit lui être donnée dans une gamelle de métal lavable et offrant de la résistance aux dents du chiot.
Le Husky n'a pas besoin d'un toilettage particulier. C'est un chien très propre (grâce à la texture de son poil et à la longueur de sa robe, il ne ramasse pas de feuilles et de brindilles). Une brosse en soie et une à clous épais sont suffisantes pour entretenir le poil. C'est connu, le Husky ne sent pas l'odeur typique de « chien mouillé ».

Le chiot

L'arrivée d'un chiot dans la famille est synonyme de confusion. Il faut donc la préparer, tant d'un point de vue pratique (l'équipement indispensable) que d'un point de vue psychologique (la disponibilité). Les objets s'achètent, pas notre attention ! On peut donc essayer de faire coïncider l'arrivée du chiot dans la famille avec une période de vacances ou avec un moment où l'on n'organisera pas de sorties ou de soirées : le chiot a besoin de l'at-

Dorian Gray de l'Aurore Boréale, propriétaire Oudin Voilet (F), grand chiot de belle couleur. Une belle pigmentation est considérée comme un privilège en zootechnie. Il faut préciser que chez les espèces arctiques, la truffe, noire en été, présente une zébrure rose en hiver. Celle-ci est admise

Les photos des pages 97, 98 et 99 montrent la croissance de quelques chiots, de dix à cinquante-trois jours, de l'élevage de M. Soloni. Certaines attitudes instinctives, comme la recherche de la mère et l'oscillation de la tête pour trouver le mamelon, sont nécessaires à la survie. La chaleur est également recherchée par le chiot

tention de son maître et non d'être exhibé comme un objet à la mode.

Le petit Husky se sentira seul et effrayé dans sa nouvelle maison. Il vient de laisser derrière lui son territoire, aux odeurs connues et rassurantes, et sa meute, qui lui apportait la sécurité. Il a besoin d'être aidé.

On ne peut pas lui demander de s'habituer tout de suite à dormir tout seul ou à aller vers les gens, alors que peu de temps auparavant, il dormait et évoluait toujours « en bande ». Si le chiot sort d'un bon élevage, il connaît déjà la main de l'homme et on n'a alors rien d'autre à faire que de devenir son ami et communiquer avec lui.

Le chiot est observateur, et l'on doit mettre sa curiosité à profit pour « parler » avec lui, mais notre langage doit être au départ le plus « canin » possible, pour qu'il puisse le comprendre. Par exemple, si l'on veut le gronder pour une petite catastrophe (et il en provoquera beaucoup, dès son arrivée), il est inutile d'hurler car il ne comprendrait pas. Un « grognement » en le tenant par la peau du cou et en le secouant, comme le faisait sa mère est beaucoup plus efficace qu'un « non ! » incompris. Après l'avoir secoué, on lui dira

« non ! » et, au bout d'un moment, cet ordre deviendra suffisant pour le convaincre de ne pas recommencer.
C'est à ce stade seulement qu'on pourra donner une légère tape, jamais violente : avant, cela lui apparaîtrait comme une cruauté gratuite car il ne connaît pas encore la signification du « non ! » et un chef de meute n'est jamais violent ou agressif sans raisons.
Le chiot n'est tapé que dans un but préventif et démonstratif et seulement lorsqu'il cherche à mordre ou à se rebeller. Cela arrivera quelquefois, car peu de temps auparavant, il était habitué à la compagnie de ses frères, avec lesquels les rixes et les morsures étaient normales. S'il a reçu un « imprinting » correct, il nous considérera comme faisant partie de la même espèce que lui. Il faudra alors lui apprendre qu'on est le « chef ».

Sire de Likidado, propriétaire M. L. Corso

L'éducation

Une fois informé du caractère un peu spécial du Husky, on a souvent tendance à se résigner à l'avance à avoir un chien désobéissant. C'est une erreur : un Husky est tout à fait apte à être dressé et désireux d'obéir si on sait le lui enseigner. Il faut s'y mettre avec de la patience et de la disponibilité, mais les résultats récompensent les efforts. Avant tout, le chien doit apprendre à répondre au rappel : sans rappel, il est toujours en danger et peut devenir dangereux pour les autres (un Husky ne mord pas l'homme, mais peut faire tomber un enfant, une personne âgée ou provoquer un accident de voiture).
Le rappel doit comporter le nom du chien (le plus clairement possible) accompagné d'un « viens ici ! ».
• Tout d'abord chez soi, avec le chiot en liberté : le maître l'ap-

Il faut commencer le plus tôt possible à « éduquer » le Husky à la liberté. Cette tâche est réservée à sa mère pendant le premier mois, avec l'aide discrète de l'éleveur, qui devra s'imposer par la suite. De cette façon, le chiot comprendra que l'homme peut également lui venir en aide. Quand le chiot sera dans sa nouvelle maison, si l'éleveur a bien travaillé, il n'aura pas de mal à aimer son nouvel ami bipède (photo Pancaldi)

pelle lorsqu'il est déjà en train de venir vers lui, et le complimente lorsqu'il parvient à ses côtés. Avec une récompense (biscuit), c'est encore plus efficace (l'obéissance du Husky passe par son estomac !).

• Quand on pense que le chiot a compris ce qu'on attend de lui, on renouvelle l'expérience en dehors de la maison. Il faut attacher le chiot à une longue corde et le laisser jouer, puis l'appeler. S'il vient vers son maître, celui-ci le félicite en le caressant et toujours à l'aide d'une petite récompense. S'il ne vient pas, il faut le tirer vers soi, avec douceur mais fermeté : il ne doit pas sentir chez son maître de la colère ou de l'impatience. Dès qu'il est près de son maître, celui-ci doit le complimenter.

• Au troisième stade, on libère le chien à l'extérieur, toujours dans un endroit tranquille. Il devrait alors avoir compris ce qu'on attend de lui. S'il désobéissait, il

Jeu en famille : le jeu est un moment indispensable pour l'équilibre. On réussira à enseigner presque tout par le jeu (photo R. Petruzzelli)

faudrait recommencer le travail à la laisse. Important : si le chien tarde à venir, il ne faut pas aller vers lui mais plutôt dans la direction opposée : il sera très certainement effrayé et courra à la poursuite de son maître. Il faudra alors le féliciter comme s'il avait obéi à l'ordre.
De même, il ne faut jamais le frapper quand il arrive, même très en retard ; car il n'associera pas la punition au retard, mais à l'action elle-même, et pensera qu'on l'a appelé pour le frapper : ce qui le fera réfléchir à deux fois avant de revenir.

« Non ! » : un ordre précis

Dès les premiers jours de sa vie commune avec l'homme, le chiot doit apprendre le sens de ce mot. Pour réussir à attirer son attention, il suffit souvent de faire du bruit, par exemple avec une boîte de conserve remplie de gravier. Il interrompra alors ses bêtises et se tournera vers son maître. A ce moment-là, celui-ci lui donnera l'ordre « non ! », suivi d'une récompense pour avoir cessé.

« Couché ! » : un ordre très utile

L'ordre « couché » doit amener le chien à se retirer dans un endroit qu'il connaît et qu'il aime, sa niche par exemple. Il s'y rend et y reste sur notre ordre, ce qui peut être très utile quand sa présence est source de problème.
• Il faut aménager l'endroit qui lui plaît et y déposer ses jouets et sa nourriture.
• Fixer au mur une chaîne d'à peu près un mètre.
• La première fois, ne donner l'ordre que lorsque le chiot est déjà très fatigué et a envie de dormir. L'attacher à la chaîne, tout en se montrant affectueux et gentil : ainsi, il mettra cet ordre en rapport, non pas avec une punition mais avec un moment précis, indépendant de ses actes.
Il faut être ferme, même s'il montre qu'il n'apprécie pas d'être attaché. On peut rester près de lui et le câliner jusqu'à ce qu'il se calme.
• Le temps « d'immobilisation » forcée doit augmenter progressivement, jusqu'à ce que le chiot obéisse à l'ordre. Il sera alors inutile de l'attacher.

Pas de pipi

Habituellement, le chiot ne salit pas l'endroit où il dort. Il est donc judicieux de l'emmener, à peine réveillé, là où on veut le voir faire ses besoins, et de le récompenser ensuite. On agira de même après chaque repas, après qu'il ait bu, joué ou couru longtemps. Quand le chiot a compris que c'est là qu'il faut aller, on doit lui apprendre à rester propre ailleurs.
S'il salit des endroits « interdits », on doit lui montrer son dédain et sa désapprobation par la voix et le geste (sans le frapper), en le ramenant tout de suite à l'endroit « permis ».
Cependant, la méthode la plus sûre, à l'arrivée du chiot en appartement, est celle du « confinement », qui est basée justement sur l'instinct du chiot à garder sa couche propre. Il faut pour cela avoir une pièce adaptée : on recouvre le sol de journaux et le chiot devra apprendre à aller vers l'espace couvert de journaux pour faire ses besoins.
Il est souvent bien difficile d'apprendre à notre chiot à aller faire ses besoins en dehors de son territoire, par exemple, dans le caniveau si on habite en ville, car il le trouve déjà « marqué » par d'autres chiens : dans ce cas, il est important de lui montrer notre satisfaction, en le récompensant par exemple, lorsqu'il le fait.

Inuk de Ferranietta, propriétaire V. Rossi (photo Pancaldi)

L'empêcher de monter sur les lits ou les canapés

Tous les chiens désirent occuper les endroits utilisés par leur compagnon-homme, mais il est toujours utile de leur apprendre qu'ils ne peuvent pas le faire sur tous les divans. Par exemple, mes chiens vont librement sur certains divans et sur d'autres uniquement avec ma permission. Cela s'obtient facilement, avec le système habituel de la récompense pour l'ordre exécuté. Lorsque le chiot monte sur un canapé qu'on lui a interdit (et il faut que toute la famille le lui interdise), un « non, descend » ferme tout en poussant le chiot à descendre est suffisant. Il faut ensuite lui indiquer l'endroit où il peut aller (toujours le même à la maison) et le complimenter. On peut lui apprendre de la même manière à ne monter que si le canapé est recouvert de « sa » couverture.

Conduite en laisse

C'est un exercice indispensable pour le chien qui habite en ville comme pour celui qui peut s'ébattre dans un grand jardin ; pour le simple chien de compagnie comme pour celui d'exposi-

Innisfree's Feliz o'Long Shadow (Etats-Unis) à sept mois

tions. Un Husky qui se promène en ville ne doit pas pouvoir tirer son maître comme un traîneau. Un sujet qu'on expose doit avancer sans déranger les autres chiens. Il doit suivre son maître docilement, sans tirer, sans jouer avec sa laisse, sans lui couper la route ou atterrir à ses pieds. Pour le dresser, il faut un collier en toile, une laisse en cuir d'environ deux mètres (en nylon ou en chaînette elle vous blesserait les mains). On doit trouver un endroit tranquille et que le chien connaît, pour éviter qu'il soit distrait ou effrayé. On garde le chien sur sa gauche et on s'éloigne en rallongeant la laisse. Le chien suivra. S'il ne le fait pas, on l'appelle jusqu'à ce qu'il vienne.

Au cas où il refuse la laisse et se rebelle, en tirant et en pleurant, il faut rester passif, attendre qu'il se calme et recommencer à l'appeler doucement.

Quand il aura compris que la laisse n'est pas un instrument de torture, on peut l'emmener dans un endroit plus bruyant et où il pourra être distrait : il devra continuer à vous suivre.

Dès qu'il aura dépassé la peur et la gêne que lui procure la laisse, on pourra lui apprendre à être

Xanadu des Longues Ombres « Chuba », propriétaire Elena Fossati

guidé. Il faut qu'il sache rester derrière, qu'il ne dépasse pas son maître et ne le fasse pas trébucher.
S'il reste en arrière, on l'appelle, on l'encourage en se tapant la main sur la cuisse, en lui donnant envie de jouer, et on le récompense dès qu'il s'exécute.
S'il dépasse son maître, celui-ci doit tourner brusquement sur sa gauche : il heurte le chiot dans sa course et celui-ci interprète cela comme un accident, pas une punition, et comprend la leçon au bout de deux ou trois « accidents ». S'il coupe la route, il faut raccourcir la laisse pour lui rendre toute manœuvre impossible.

Le chien adulte

On entend par là un chien entièrement développé sur le plan physique et psychologique. Le Husky n'arrive à la maturité physique qu'à partir de trois ans. Psychologiquement, par contre, il est certainement mûr avant beaucoup d'autres races. C'est nécessaire pour un chien qui doit apprendre à faire face à des conditions climatiques très dures et qui, vivant en meute, doit s'imposer très tôt vis-à-vis des autres chiens. Il est donc plus facile de vivre avec un Husky qui a grandi près de nous, plutôt qu'avec un chien acheté adulte. On hérite souvent des erreurs des précédents propriétaires d'un chien adulte, car ceux qui ont passé du temps à éduquer leur chien le cèdent rarement. Un Husky n'est pas « fidèle jusqu'à la mort » et il s'adapte assez vite à une nouvelle famille, mais en cherchant à lui imposer ses propres règles. S'il a toujours vécu en enclos ou dans un élevage, il vivra très bien sa nouvelle condition de « fils unique » et sera tout à fait disposé à apprendre, à condition qu'on ait envie de se consacrer à lui. On obtiendra de bons résultats, mais certainement inférieurs à ceux qu'on aurait avec un chiot.

Les éleveurs et les mushers achètent souvent des sujets adultes pour leurs activités. Mais leurs buts sont très différents : un éleveur fait l'acquisition d'un adulte en fonction de son élevage et il vient souvent des mains d'un au-

Joice des Longues Ombres, femelle de sept ans

Jabrin des Longues Ombres, sept ans. Dans le sable comme dans la neige ! Un Husky s'adapte à toutes les situations : si le climat est très chaud, il se réfugie dans un endroit frais et il attend patiemment que la température baisse. Sa fourrure épaisse est un bon isolant

tre éleveur, déjà préparé aux expositions et donc à la vie quotidienne.

Le musher achète un sujet adulte déjà formé en tant que chien de traîneau. Mais le chien ne sera pas éduqué si le musher ne se comporte pas comme un éleveur complet, qui fait travailler ses chiens tout en soignant le caractère afin qu'ils puissent vivre toutes les situations avec l'homme.

L'intérêt énorme que suscite cette race peut pousser à acheter un Husky sans mesurer entièrement toutes les conséquences ; parce qu'on manque de connaissances dans ce domaine et parce que des éleveurs sans scrupules minimisent les difficultés pour vendre les chiens. On rappelle donc qu'un Husky adulte doit être adopté par des gens en mesure d'affronter et de résoudre les problèmes qu'il pose et que rien n'est plus triste pour un chien que de passer d'une maison à l'autre.

L'alimentation

Par le
Prof. Luigi Guidobono Cavalchini
et le Dr Carla Cristofalo

Comme tous les animaux, le chien a besoin d'une alimentation correcte. La mastication est limitée chez le chien et la déglutition rapide. Les aliments, surtout solides, restent longtemps dans l'estomac (trois à douze heures) puis se transforment en bouillie avant de passer dans l'intestin où se fait l'assimilation. Le sang conduit les substances nutritives vers toutes les parties de l'organisme qui en ont besoin. L'appareil digestif du chien permet l'assimilation de repas abondants et un intervalle prolongé entre chaque repas, car l'estomac se vide lentement. Une alimentation en morceaux plutôt qu'hachée est préférable.

Les chiens sont des animaux carnivores, mais la fréquentation de l'homme les a amenés à consommer des produits d'origines non animales. Ils ont besoin d'un régime nourrissant, qui varie selon la race, l'âge, l'état physiologique (croissance, reproduction, lactation) et en fonction du climat.

Pour obtenir les meilleurs résultats, on doit alimenter les chiens de façon à leur fournir les quantités nécessaires de protéines, hydrates de carbone, graisse, vitamines et minéraux : le régime doit être équilibré entre ces divers éléments. Une alimentation excellente est indispensable pour maintenir le chien en bonne santé, ni trop gros, ni trop maigre et doté d'une belle fourrure. C'est encore plus important dans la phase de croissance du chiot, qui réclame une attention encore plus grande. Il faut donc connaître la signification biologique des différents principes nutritifs et les sources d'apport.

L'énergie

Même pendant les moments de repos, le corps a besoin d'énergie. Les principes nutritifs sont amenés dans les différentes cellules de l'organisme où ils sont transformés en énergie grâce à l'oxygène. C'est pendant ce processus de transformation que la chaleur, qui maintiendra la température du chien, est

FREQUENCE JOURNALIERE DES REPAS

Mois	*1-3*	*4-7*	*8-18*	*18*
Repas	*4*	*3*	*2*	*1*

Les femelles, durant le deuxième mois de gestation et la lactation feront deux ou trois repas.

produite. Plus l'activité du chien est élevée, plus l'apport en énergie de l'alimentation doit être élevé. Les chiots exigent trois fois plus que les adultes. La valeur énergétique d'un aliment est exprimée en énergie métabolisable (EM). Elle est mesurée en kilocalories (kcal) ou en kilojoules (kJ). Les graisses fournissent un apport énergétique qui est le double de celui des sucres et des protéines.
Un excès d'énergie est en général

Coca Cola du Whymper des Grandes Jorasses, chiot de quarante jours, propriétaire R. Cococcia

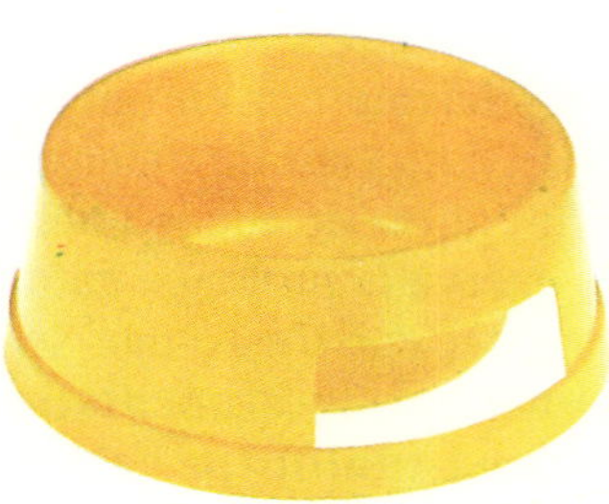

Ecuelle

emmagasiné dans le corps sous forme de dépôt graisseux. Il est donc utile de peser son chien régulièrement en notant le poids.

Les principes alimentaires

Les sucres (hydrates de carbone et glucides) : ce sont des sources d'énergie nécessaires au travail musculaire et aux diverses activités du corps. Certains ont une structure simple (fructose, lactose, etc.). D'autres, comme l'*amidon*, ont des structures plus complexes. Chez l'adulte comme chez le chiot, l'excès de saccharose n'est pas toujours bien toléré et peut provoquer des diarrhées car l'intestin du chien sécrète peu d'invertine (enzyme qui l'assimile). De même, le chien adulte digère mal le lait par manque de lactase.
L'amidon est l'hydrocarbure le plus important. On le trouve en abondance dans les céréales telles que le blé (pain), le maïs, le riz, etc. L'amidon doit être bien cuit pour pouvoir être digéré par le chien.
Le chien ne digère pas les fibres comme la cellulose, contenues dans les végétaux. Plus la teneur du régime en contient, plus sa valeur calorique est basse. Toutefois, elles peuvent être utiles en petites quantités, surtout chez les sujets âgés ou sédentaires pour les empêcher de grossir et pour maintenir un bon transit intestinal.

Les graisses (ou lipides) : elles sont essentielles à l'organisme car elles entrent dans la composition des cellules. Elles fournissent son énergie au corps et donc sa chaleur. Celles qui sont présentes en dépôts dans l'organisme (graisse sous-cutanée ou intramusculaire) ont un rôle de réserve énergétique dans laquelle l'organisme puise quand l'apport est insuffisant. Elles constituent également une bonne isolation thermique. Certains lipides

LE CHIEN TROP GRAS

Pour voir si le chien est trop gras, il faut :
- *observer les dépôts de graisse sur le garrot, la croupe et les côtes ;*
- *le peser régulièrement et noter son poids ;*
- *abolir sévèrement tout « goûter » ou restes de cuisine ;*
- *résister au regard suppliant ;*
- *l'alimenter avec un régime hypoénergétique mais équilibré en protéines, vitamines et minéraux ;*
- *lui donner des repas assez liquides et avec une bonne quantité de fibres ;*
- *lui laisser un os à ronger ;*
- *s'assurer que ce n'est pas d'origine pathologique (mauvais fonctionnement hormonal) ;*
- *lui faire faire de l'exercice.*

Innisfree's Red Kalypso (Etats-Unis), mâle de huit ans, propriétaire J. Vallerino Nazarri

sont présents dans les cellules (phospholipides, glycolipides) ou fonctionnent comme des régulateurs biologiques (cholestérol, acide biliaire, etc.).
On les trouve dans tous les aliments. On peut distinguer les graisses végétales et les graisses animales (saindoux, lard). Leur présence dans le régime est indispensable.

Les protéines : elles servent à la construction de l'organisme et à former de nouvelles cellules. Elles ont donc un rôle essentiel pour la formation, le maintien et la réparation des muscles, des os et des organes internes. Le chiot en a particulièrement besoin. Elles peuvent être d'origine animale, comme celles présentes dans la viande, le lait, le poisson et les œufs ; ou d'origine végétale comme celles du soja, des petits pois ou des haricots, etc.
La valeur biologique des protéines et leur utilisation dépend des rapports entre les différents acides aminés. On ne peut emmagasiner les acides aminés, c'est pourquoi ceux-ci doivent être fournis par la ration quotidienne de protéines.

Les sels minéraux : on distingue les macro-éléments, présents en grande quantité dans l'organisme (calcium, phosphore, sodium, po-

tassium, magnésium), et les *oligo-éléments* qui n'existent que sous forme de *traces* (fer, zinc, manganèse, iode, cobalt, cuivre).
Ce sont des constituants essentiels de l'organisme et ils jouent un rôle dans l'équilibre acido-basique des liquides du corps, dans la contraction musculaire, la transmission nerveuse ou encore la constitution de certains enzymes et de certaines hormones.
Ils interviennent dans la formation du squelette et sont donc très importants pour la croissance de l'animal.
On les trouve dans le lait, le fromage, le poisson, la viande et dans beaucoup de végétaux. Il est indispensable de les intégrer au régime alimentaire du chien et de maintenir un bon rapport entre certains d'entre eux comme le calcium et le phosphore ou bien le fer et le cuivre, etc.

Les vitamines : on distingue les vitamines *liposolubles* (A, D, E, K) et les vitaminées *hydrosolubles* (B_1, B_2, acide pantothénique, acide nicotinique, B_6, acide folique, H, B_{12}, choline, C). Elles agissent en quantité infinitésimale mais interviennent dans de nombreux processus organiques essentiels. Les carences en vitamines peuvent entraîner de graves déséquilibres. Cependant, la présence excessive de certaines vitamines peut aussi provoquer de sérieux problèmes.
Elles sont produites par des organismes végétaux et sont contenues dans le foie, les œufs, le germe des céréales, la levure, les huiles végétales et animales. Elles peuvent facilement être détruites par la chaleur et la lumière. Il faut donc les incorporer à la ration seulement lorsqu'elle est tiède. Elles sont souvent contenues dans les aliments préparés (lire l'étiquette des boîtes) : il faut y faire attention car l'accumulation de vitamines peut être dangereuse.

Les aliments

La viande : de bœuf, de poulet, de dinde ou autre. On peut l'administrer crue ou ébouillantée, selon sa qualité. La viande de porc doit toujours être cuite. Le contenu énergétique et protidique varie selon la quantité d'os et de gras présente. Plus elle contient de muscles et plus elle est digestible, avec une valeur biologique importante. A

LA VIANDE CUITE

Elle est mieux digérée crue. Mais si elle n'est pas fraîche ou de bonne qualité, il vaut mieux la faire bouillir. De toute façon, il ne faut pas la faire cuire longtemps. La viande de porc doit toujours être cuite pour éviter les infections (maladie d'Aujezsky et trichinose).

l'inverse, ces qualités diminuent lorsque la viande est pleine de tendons et de cartilage.
Les chiens peuvent digérer la viande en cours de putréfaction grâce à leur taux élevé de sucs gastriques.

Les abats : ils sont constitués de viscères comme le cœur, le foie, les tripes, la rate, etc. Les chiens en sont friands, mais leur apport protéique est inférieur à celui du muscle. Il vaut mieux les administrer légèrement cuits.

Le poisson : il est plus apprécié cuit. C'est une bonne source de protéines et sa valeur biologique est importante. De plus, il se digère facilement. Il est riche en sels minéraux et en vitamines. On le conseille pendant la croissance. On peut recourir au poisson séché, surtout en hiver.

Les œufs : ce sont de très bons aliments, riches en protéines, en graisses et en vitamines. Ils sont particulièrement indiqués pour les chiots, les reproducteurs et durant la lactation. Ils peuvent remplacer partiellement la viande et le poisson. Ils peuvent être donnés crus.

Le lard, les graisses, les huiles végétales : excellentes sources caloriques, les chiens en sont friands et ont tendance à en consommer plus que le nécessaire. Les graisses sont particulièrement utiles aux chiens qui travaillent et font des efforts physiques. Elles sont indispensables en petites quantités. On conseille d'ajouter un peu d'huile d'olive à la ration.

Le lait : c'est un bon aliment, qui apporte des protéines à forte valeur biologique, des graisses, des vitamines et des sels minéraux. C'est l'aliment principal du chiot. Certains sujets adultes ne le digèrent pas bien.

Le riz et les pâtes : riches en amidon, ce sont les principales sources d'énergie. Pour être digérés, ils doivent être bien cuits.

Le pain sec : bonne source énergétique. Le chien l'apprécie, mais il doit être bien sec et laissé à l'air. Moisi, il peut être nocif.

Les flocons de céréales et le riz soufflé : bonne source énergétique, ils peuvent remplacer le riz, les pâtes, le pain. Ils doivent être traités pour être digérés par le chien. Ce sont des aliments volumineux : dans la ration, il faut tenir compte de leur poids et non de leur volume.

Les fruits et les légumes : leur apport nutritif est faible, mais leur contenu en fibres est intéressant pour les chiens sédentaires qui ten-

LES OS

Les chiens, c'est bien connu, apprécient les os, en particulier ceux qu'ils peuvent ronger. Il faut cependant être vigilant car les os peuvent provoquer, surtout chez les sujets les plus vieux et sédentaires, la constipation et l'occlusion intestinale. En outre, les pointes d'os peuvent perforer l'intestin : il faut donc éviter les os de poulet et de lapin.

LES GATEAUX ET LE CHOCOLAT

Les chiens sont gourmands et il est difficile de manger du chocolat sans leur en faire goûter.
Il ne faut cependant pas qu'ils en abusent car ils ne le digèrent pas très bien. Il existe des biscuits substituts dans le commerce dont il ne faut pas abuser non plus.

dent à l'obésité et sont constipés. On peut les remplacer par quelques cuillères de son.

L'eau : le chien doit toujours en avoir à sa disposition.

Les aliments tout prêts

Il existe une grande variété de produits, mais il est important d'en connaître les différences pour les utiliser le mieux possible.
Une lecture soigneuse de l'étiquette peut donner des indications utiles.
On peut distinguer trois types d'aliments tout prêts :
- les ***aliments simples :*** différents produits d'origine animale ou végétale (du riz soufflé par exemple) ;
- les ***aliments complets :*** composés de plusieurs produits en mesure de satisfaire les exigences alimentaires du chien sans ajouter d'autres aliments ;
- les ***aliments complémentaires :*** ils contiennent principalement une substance (par exemple des protéines ou des sels minéraux) mais ils doivent être associés à d'autres aliments.

La qualité des aliments tout prêts dépend des matières premières employées, de leur formulation, du traitement technologique subi et de leur présentation (flocons, boulettes, granulés, biscuits, etc.). Il faut être attentif à leur conservation : sur l'étiquette, la date de fabrication et l'échéance de consommation sont indiquées. La composition doit être indiquée par ordre décroissant de quantité ou en pourcentage sur le contenu. Les données qui informent des principes nutritifs présents doivent être reportées (teneur en eau, en protéi-

nes, en graisses, etc.). On trouve également le pourcentage de vitamines et de sels minéraux par kilo.
Les aliments tout prêts permettent d'établir des rations en fonction des besoins réels du chien, en donnant les quantités voulues de vitamines et de sels minéraux, ce qui n'est pas toujours le cas quand on prépare soi-même la ration.
Un aliment tout prêt composé pour chien adulte doit avoir les pourcentages suivants :
– humidité maximum : 13 % ;
– protides : 22-25 % ;
– lipides : 4-8 %.

La ration alimentaire

Vous trouverez à la page 118 quelques exemples de rations. Les doses doivent varier selon l'activité du chien, qui peut être « sportif » ou « de salon ». Les restes de cuisine ne doivent pas être l'antithèse des règles fondamentales de l'alimentation.

ATTENTION AUX EXCES

Il existe dans le commerce différents produits étudiés pour être appétissants aux chiens. Cependant, il faut éviter les excès qui ont des conséquences négatives sur la santé.
Ne donnez ni trop de protéines ni trop de graisses ni trop de vitamines. Faites également attention à ne pas accumuler les substances contenues dans les différents aliments et, en particulier, les vitamines et les minéraux.
Apprenez à lire attentivement les étiquettes des produits.

QUEMANDER A TABLE

C'est une mauvaise habitude due au trop « bon cœur « du maître qui concède une bouchée de temps en temps. Ne donnez jamais à manger au chien quand vous vous mettez à table. Faites-le manger avant et, si nécessaire, écartez-le au moment de votre repas.

Comment alimenter le chiot ?

Vers le vingt-cinquième jour, on peut commencer à lui donner, en plus du lait maternel, un repas constitué de lait et d'un jaune d'œuf pour 100 ml de lait. Après trente jours, le sevrage commence, avec une alimentation plus sèche. Un sevrage précoce épargne la mère et il est utile surtout en cas de portée nombreuse. Les chiots sont séparés plus longtemps de la mère et, entre quarante-cinq et cinquante-cinq jours, ils doivent être complètement sevrés et nourris artificiellement.
Au début du sevrage, on ajoute au lait de vache un peu de viande ha-

Gianerin's Kiwah, propriétaire V. Rossi : le Husky est un chien actif qui a besoin d'une alimentation saine et équilibrée. Des carences ou des excès alimentaires peuvent se répercuter négativement sur son aspect (photo Pancaldi)

Champion européen et italien, Gold Rush du Grand Canyon, propriétaire Maura Bensi Allegri

EXEMPLES DE RATIONS

Viande fraîche de mouton, poulet ou dinde ébouillantée.
Pain sec ou biscotte.
Un peu d'huile d'olive.
Bouillon chaud.
Vitamines et sels minéraux.

Viande congelée.
Riz ou pâtes bien cuits.
Légumes mixtes.
Un peu d'huile d'olive.
Vitamines et sels minéraux.

Viande congelée.
Flocons de céréales mélangées ou riz soufflé.
Une cuillère de son.
Eau chaude.

Aliments tout prêts complets en croquettes, granulés ou cubes.
Administrer en suivant le mode d'emploi.

Aliment tout prêt en flocons à intégrer à de l'eau chaude, du bouillon ou du lait.
Administrer selon les instructions de l'étiquette.

chée. On passe ensuite à une alimentation plus sèche constituée de :

– viande et/ou poisson de bonne qualité ;
– riz bien cuit et/ou flocons de céréales ;
– un peu d'huile ;
– des vitamines et des sels minéraux.

Lait, viande et poisson doivent prévaloir sur les céréales. Ils constituent jusqu'à 80 % de la ration à quarante jours et 60 % à soixante jours. On augmente progressivement la quantité de céréales par rapport à la viande. Rappelons que celle-ci peut être administrée crue si elle est de bonne qualité, mais il vaut mieux l'ébouillanter.

Un des repas de la journée peut être constitué de biscottes et de lait. Durant la période de croissance, on peut donner un jaune d'œuf cru trois ou quatre fois par semaine et du fromage. Ces aliments peuvent remplacer partiellement la viande. Il faut en tout cas s'assurer que le complément de vitamines et de sels minéraux contient les doses adéquates de calcium et de phosphore.

- *De l'eau fraîche doit toujours être disponible.*
- *Ne pas laisser traîner d'aliments avariés.*

Kiska des Longues Ombres, un joli chiot

La santé et l'hygiène

Par le
Prof. Luigi Guidobono Cavalchini
et le Dr Carla Cristofalo

Quand on achète un chien ou qu'on nous en offre un, qu'il soit jeune ou adulte, la première impulsion est de le câliner, de lui montrer son affection. On doit cependant se souvenir qu'on devient responsable de son état de santé.
Les maladies et les dangers sanitaires sont multiples et on risque de se retrouver à l'improviste à la place du vétérinaire, sans expérience.
Il faut avoir un vétérinaire auquel se référer, tout comme on a son médecin de famille.
Le vétérinaire suivra le chien en lui faisant les vaccins nécessaires et en intervenant en cas de maladie. Il doit y avoir un rapport de confiance entre le maître et le vétérinaire. En cas d'urgence, on peut faire appel à des structures spécialisées qui interviennent même la nuit.
Il existe aujourd'hui, parmi les vétérinaires, des spécialistes reconnus officiellement, qui exercent en clinique pour animaux. Certains d'entre eux sont experts en cardiologie, en ophtalmologie, traumatologie et autres. Il est toutefois préférable que ce soit votre vétérinaire qui vous conseille le spécialiste, au cas par cas.
Vous serez évidemment celui qui passe le plus de temps avec votre ami à quatre pattes et il faut donc l'observer avec attention pendant les moments principaux de la journée comme les repas, la promenade, le jeu, le sommeil.
Il faut chercher à voir les petits changements de comportement qui mettent en évidence le malaise du chien. Le chien peut, d'une

LA SANTE DU CHIEN	
Ce qu'il faut observer	***Comment il doit être***
Comportement	Attentif, vif, équilibré
Appétit	Vigoureux et présent
Mouvements	Coordonnés, fluides et agiles
Sommeil	Régulier, non excessif

certaine manière, être considéré comme un nouveau-né qui ne peut s'exprimer qu'à travers des comportements particuliers et des vocalisations particulières. Les symptômes généraux suivants révèlent une mauvaise condition physique.
Il est faux de croire qu'on connaît tous les symptômes de toutes les maladies du chien et de penser qu'on peut les soigner seul. Il est cependant important de savoir quand la situation exige un vétérinaire. Certains symptômes sont en effet les signes d'une pathologie grave.
Certaines données physiologiques de référence peuvent être utiles pour évaluer l'état de santé du chien, qui doit être observé au re-

SYMPTOMES GENERAUX DE MALAISE

- *Apathie*
- *Vomissements et/ou diarrhée persistante*
- *Abattement*
- *Ecoulement nasal et conjonctival*
- *Refus de jouer*
- *Soif et/ou faim injustifiée*
- *Manque d'appétit (anorexie)*
- *Amaigrissement évident*
- *Poil terne*

SYMPTOMES DE MALADIES GRAVES

- *Respiration et battements cardiaques ralentis, accélérés, dissonants ou faibles*
- *Température corporelle basse (hypothermie), haute (fièvre)*
- *Traces de sang dans les selles*
- *Traces de sang dans les urines*
- *Vomissements hémorragiques*
- *Saignements de nez*

DONNEES PHYSIOLOGIQUES DE REFERENCE		
Paramètre	***Chiot***	***Adulte***
Température rectale	38-39 °C	37,5-38,5 °C
Fréquence des respirations (par min.)[1]	20-22	14-20
Pulsations cardiaques (par min.)	100-130	60-120
[1]Quand la température extérieure est élevée, la fréquence augmente.		

pos. En effet, l'effort physique ou le jeu peuvent accélérer la respiration et les pulsations cardiaques ou faire monter la température sans que cela soit pathologique.

Les maladies du chien

Le chien peut souffrir de maladies variées, dont la plupart sont d'origines infectieuses.

COMMENT MESURER...

... la température ?
Beaucoup de propriétaires suspectent une température élevée en observant la truffe. Si celle-ci n'est pas humide ou fraîche, ils pensent que le chien a de la fièvre. Ce n'est pas toujours vrai. De toutes façons, il vaut mieux mesurer la température rectale en utilisant un thermomètre de vétérinaire ou de pédiatre, lubrifié d'huile ou de vaseline. Soulever la queue et introduire le thermomètre à deux ou trois centimètres tout en tenant le chien. Attendre environ trois minutes.

...les pulsations cardiaques ?
On peut appuyer directement l'oreille sur la poitrine et percevoir les battements du cœur. On peut aussi relever les pulsations de l'artère fémorale en appliquant le pouce sur la face externe de la cuisse et l'index sur la face interne. Il faut comprimer légèrement l'artère contre le fémur et on peut ainsi percevoir le pouls.

...la fréquence des respirations ?
On observe la poitrine en calculant le nombre de respirations par minute, en évaluant également le rythme et l'ampleur.

Les maladies organiques

Ce sont celles qui frappent un organe particulier ou une partie de celui-ci. Leur étiologie est variable et leur évolution peut être différente. Elles ne sont pas toujours contagieuses. L'issue dépend directement de la gravité des symptômes.

Les maladies infectieuses

D'origines virales et bactériennes, elles frappent en général plusieurs

EXEMPLES DE MALADIES ORGANIQUES			
Maladie	***Organe touché***	***Maladie***	***Organe touché***
Otites	Oreille	Cystite	Vessie
Stomatite	Bouche	Prostatite	Prostate
Bronchite	Bronches	Myosite	Muscle
Endométrite	Utérus	Névrite	Nerfs
Néphrite	Reins		

PRINCIPALES MALADIES INFECTIEUSES			
Maladie	***Etiologie***	***Transmission***	***Prophylaxie***
Maladie de Carré	Pseudomyxovirus et bactéries	Directe et indirecte très contagieuse	Vaccin
Hépatite virale infectieuse	Adénovirus	Contact direct contagieuse	Vaccin
Herpès	Herpès-virus	Intra-utérine contact direct	Vaccin
Parvovirose	Parvovirus très résistant	Très contagieuse	Vaccin
Toux de chenil	Adénovirus	Très contagieuse	Vaccin
Rage	Rhabdovirus	Contamination par morsure	Vaccin
Leptospirose	Leptospire (variées)	Contamination orale	Vaccin

organes, elles sont contagieuses et souvent mortelles. La guérison dépend de la gravité des symptômes et de la riposte immunitaire du chien. Elles peuvent être évitées par vaccination.

Maladie de Carré : elle frappe à tout âge. Elle a une période d'incubation de trois à sept jours. Le chien malade présente des sécrétions oculaires et nasales purulentes, une conjonctivite avec photophobie, une toux avec complications pulmonaires, allant jusqu'à la broncho-pneumonie. On peut également détecter une gastro-entérite et une forte fièvre (41°) pendant la première phase de la maladie. Le système nerveux peut être atteint de façon irréversible (paralysie des membres postérieurs et tics nerveux). Cette maladie est souvent mortelle.

Hépatite virale ou infectieuse : elle atteint des chiens de tout âge. La période d'incubation varie de trois à neuf jours. Fièvre au début de la maladie. Kérato-conjonctivite et irido-cyclite. Amygdalite. Apparition de petites hémorragies abdominales. Douleurs abdominales. Opacification de la cornée après une à trois semaines.

Herpès : il est mortel chez les chiots, touchant divers organes. Les chiots peuvent être atteints de vomissements, diarrhées, trachéite et troubles nerveux. Chez l'adulte, le symptôme le plus fréquent est une laryngo-trachéo-bronchite accompagnée de rhinite. Une forme génitale peut apparaître chez les deux sexes.

Parvovirose : gastro-entérite hémorragique, vomissement, déshydratation et perte de poids, abattement, hypothermie, leucopénie. La forme cardiaque est souvent mortelle chez le chiot.

Toux de chenil : laryngo-trachéo-bronchite bénigne accompagnée de toux qui se propage rapidement dans les chenils et dans les pensions où les chiens sont nombreux.

Rage : transmise par morsure infectée d'un animal malade, elle frappe beaucoup de mammifères sauvages et domestiques. Le système nerveux est atteint, avec une paralysie progressive de l'animal. On note également des variations du comportement relativement importantes. La rage muette donne une paralysie progressive des muscles de la mandibule, des cordes vocales et d'autres muscles de la tête, avec pour conséquence une salivation abondante, l'aphonie et l'incapacité de déglutir ou de boire. Dans sa forme furieuse, le chien est agité, puis très excité. Il salive abondamment et hurle fréquemment. Il meurt d'une paralysie générale. L'homme peut être contaminé.

Leptospirose : elle frappe les chiens de tout âge, ainsi que d'autres espèces, y compris l'homme. Rats et souris en sont les principaux porteurs : elle présente des symptômes de gravité variable : des néphrites, des conjonctivites peuvent apparaître, ainsi qu'une légère parésie des membres postérieurs, des gastrites avec vomissements, des déficits cardio-circulatoires et plus rarement des broncho-pneumonies. L'évolution de la maladie est souvent mortelle.

Les maladies parasitaires

Elles sont véhiculées par des organismes unicellulaires, comme les coccidies, ou plus complexes, comme les vers intestinaux. Les parasites vivent avec le chien et, dans les cas d'infection extrême, ils peuvent amener la mort de l'animal. Ils endommagent les tissus ou privent le chien d'éléments nutritifs et l'affaiblissent fortement, le rendant également plus sensible aux maladies infectieuses.

La contamination se fait en général par l'absorption de larves ou d'œufs déposés par d'autres chiens malades. Il faut donc examiner périodiquement son chien, non seulement pour son bien, mais aussi pour éviter tout risque de contamination. Certains parasites sont dangereux pour l'homme (le ténia, par exemple).

Les thérapies, qui sont reportées

SYMPTOMES DES PRINCIPALES MALADIES PARASITAIRES		
Parasites	***Symptômes***	***Thérapie***
Cutanés	Eczéma superficiel, eczéma profond, pellicules, poil terne, alopécie.	Poudres, bains, gouttes, sirops.
Intestinaux	Amaigrissement, diarrhées, flatulences, vomissements, poil terne.	Produits variés, en compresses, gouttes ou sirops.
Sanguins	Insuffisances cardio-circulatoires.	Variées et complexes.
Auriculaires	Otites avec complications.	Gouttes auriculaires.

ci-dessous, doivent être appliquées sur le parasite et l'organe touché. Il est recommandé de suivre attentivement les prescriptions du vétérinaire, car le médicament peut être nocif au chien lui-même.

Les mycoses

Ces pathologies se manifestent par des champignons, des levures et des moisissures microscopiques ; elles sont contagieuses pour le chien comme pour l'homme, et particulièrement pour les enfants (teigne) ; une bonne hygiène du milieu et de la peau du chien réduit les risques de contagion. La plupart du temps, ces maladies sont curables. Elles se manifestent le plus souvent par des zones d'alopécie (perte de poil).

Les maladies congénitales

Elles sont déjà présentes à la naissance et sont déterminées par des causes génétiques ou des carences nutritionnelles de la mère ; les organes touchés sont variés. Elles ne sont pas contagieuses ; elles ne sont pas forcément mortelles.

Les maladies héréditaires

Ces pathologies viennent de gènes particuliers présents chez les parents et transmis aux chiots. Elles peuvent se manifester à la naissance ou apparaître plus tard. Le chien pourra les transmettre à sa descendance.
Parmi les plus connues, on trouve la dysplasie de la hanche, les maladies oculaires et l'hémophilie.

Dysplasie de la hanche : c'est une malformation de la hanche qui peut amener le chien à *boiter* des membres postérieurs dans les cas les plus graves. Elle est causée par une malformation de la jointure articulaire, qui provoque la *luxation*, puis l'érosion du cartilage. Avec le temps, cette dégénérescence amène une *arthrose déformante*. L'origine génétique en est maintenant connue, mais pas le mécanisme de transmission. L'étude de l'hérédité est en fait complexe : plusieurs gènes semblent être impliqués et leur action peut être augmentée par l'environnement du chien. Le comportement récessif des gènes peut masquer la présence de la maladie chez un chien qui la transmettra cependant à ses petits chez qui elle pourra se déclarer. Certaines races y sont plus sensibles que d'autres. L'ampleur des os pelviens et leur inclinaison est probablement un facteur déterminant. La dysplasie se manifeste plus facilement chez les sujets à croissance rapide. Une radiographie de l'articulation coxo-fémorale est aujourd'hui le seul moyen reconnu pour identifier les sujets malades et ceux porteurs de légères anomalies. La radiographie doit être faite par un vétérinaire expert, avec un chien sous anesthésie pour garantir sa relaxation musculaire et donc une position dorso-ventrale correcte.

Urgences

Etat de choc

Il existe lorsque le chien est en déséquilibre cardio-circulatoire, en présence d'une vasodilatation périphérique ou lorsqu'il y a accumulation de substances toxiques dans les tissus.

Causes
Forts traumatismes ; hémorragies ; réactions anaphylactiques ; pathologies cardiaques et neurologiques ; toxicoses et déshydratation ; électrocution.

Symptômes
Muqueuses pâles ; abattement, chute de température et tremblement musculaire ; pouls rapide ; respiration superficielle ; pertes d'urine et de selles ; vomissements ; collapsus.

Que faire ?
Garder le chien au chaud, tranquille. Consulter un vétérinaire au plus vite pour d'éventuelles transfusions de plasma, l'administration de piqûres toniques ou d'analgésiques et d'analeptiques. Le chien doit être gardé sous surveillance pendant quelques jours pour s'assurer que le choc est surpassé.

COMMENT EVITER LES EMPOISONNEMENTS ACCIDENTELS ?

• Eviter que le chien avale du shampoing ou autres produits antiparasitaires lorsqu'il est en traitement.

• Eviter la libre circulation du chien dans des endroits qui ont été dératisés ou désinfectés récemment.

• Garder hors de portée du chien les produits chimiques (l'antigel est appétissant).

• Garder tous les médicaments, les produits toxiques et chimiques hors de sa portée.

• Ne pas placer des produits toxiques à côté des aliments.

• Ne pas laisser sa gamelle dans le jardin quand on l'arrose de produits antiparasitaires.

• Eliminer tous les animaux morts qu'on peut trouver dans le jardin.

Gipsy et Glenda de la Vallée du Muto, filles d'Innisfree's Long Shadow et de Kontoki's All in Good Time, propriétaire E. Milesi

Innisfree's Long Shadow « Jimmy » (Etas-Unis) à douze mois. Innisfree's est un prestigieux élevage américain : un éleveur doit souvent importer ses chiens d'outre-Atlantique, mais un privé qui veut un bon chien peut tout à fait se rendre chez un éleveur européen

EMPOISONNEMENTS ACCIDENTELS	
Type de poison	***Symptômes***
Insecticides à base de phosphore	Salivation, contraction musculaire, convulsions, vomissements, diarrhées, rétrécissement de la pupille (myosis), broncho-spasme, œdème pulmonaire, cyanose.
Strychnine	Convulsions, dyspnée, écume à la bouche et asphyxie par paralysie spasmodique des muscles intercostaux et du diaphragme, mort.
A base de cyanure	Etourdissements, perte des (désherbants) forces musculaires, respiration haletante, collapsus, mort. L'haleine a une odeur d'amandes amères.
Raticides	Salivation abondante, vomissement, œdème pulmonaire et dyspnée, faiblesse musculaire, pouls faible.
Décapants	Dépression, fièvre, hémorragies multiples associées au manque de coagulation, ecchymoses sur la peau, anémie, pouls faible, dyspnée, mort.
Antigel (produit chimique)	Pouls rapide, délire, dyspnée, vomissements, absence d'urine, déshydratation.
Médicaments	Variables en fonction des produits.

Empoisonnements

Si le chien a avalé des substances dangereuses, il faut essayer de le faire vomir, en lui administrant la moitié d'un verre d'eau additionnée d'une cuillère de sel ou en stimulant son palais et son arrière-gorge. Il ne faut pas le faire si le chien a avalé des objets coupants ou des produits acides.
Pour éviter les empoisonnements criminels, il faut apprendre au chien à refuser la nourriture offerte par des étrangers et celle qu'il trouve par terre. Pour éviter les

empoisonnements accidentels, il suffit de quelques mesures de bon sens.

Piqûres d'insectes

Les chiens se font souvent piquer à la tête par des abeilles, des guêpes, des taons, etc. Les piqûres, bien que douloureuses, ont habituellement des conséquences passagères. Il suffit de rafraîchir la piqûre avec de l'eau froide et d'administrer des antihistaminiques par voie orale. Cela peut être plus grave lorsque le chien est piqué dans l'arrière-gorge. Dans ce cas, le chien risque d'étouffer. Il faut consulter un vétérinaire d'urgence et, si c'est impossible, administrer une injection d'antihistaminiques. En cas de piqûres multiples, il faut également prévenir le vétérinaire, car le chien risque un choc anaphylactique.

Morsure de vipère

Le chien est souvent mordu au museau alors qu'il essaie d'attraper la vipère. Si le chien est robuste, il peut se remettre, mais il vaut mieux appeler le vétérinaire pour lui administrer du sérum.

Coup de chaleur

Cela arrive souvent pendant les saisons chaudes, si on laisse le chien dans une voiture, fenêtres fermées par exemple. Pour garder sa température, le chien se met en général dans des endroits frais et ombragés et, s'il ne peut le faire, il augmente sa ventilation pulmonaire qui n'est cependant pas toujours suffisante. Les symptômes les plus évidents sont une allure chancelante, une augmentation de la température rectale, un épiderme chaud et sec, un pouls rapide, la dyspnée, le collapsus et la mort. Il faut chercher à faire baisser la température : plonger le chien dans l'eau froide et le garder au repos dans un endroit frais. Appeler le vétérinaire d'urgence.

Fractures

Les fractures les plus fréquentes sont en général celles des membres, de la colonne vertébrale et de la mâchoire. Elles sont souvent les conséquences de traumatismes violents comme un accident ou une chute. Elles peuvent être simples ou multiples et, dans les cas les plus graves, ouvertes (l'os ressort de la blessure). Les symptômes sont la tuméfaction, l'hémorragie, la paralysie et l'état de choc ; le chien boite et la douleur est très vive. Dans ce cas, il faut garder le chien le plus immobile possible et le rassurer. En cas de fracture des membres, essayer de les bouger le moins possible et, si l'intervention du vétérinaire est impossible immédiatement, les immobiliser avec des attelles de bois ou de carton et des bandes. Bien nettoyer et désinfecter les blessures et les recouvrir de gaze. Si le chien ne peut pas bouger, l'installer sur une couche confortable et le transporter sur une civière de vétérinaire, en faisant particulièrement attention à sa colonne vertébrale. Une visite chez le vétérinaire avec radiographie est toujours préférable, même quand la fracture n'est pas certaine car une fracture non soignée peut laisser des traces permanentes.

Conseils en cas d'urgence

Que faire avec un chien traumatisé ?

Le chien traumatisé, renversé par une voiture par exemple, est presque toujours effrayé et désorienté. Il est donc préférable de s'approcher doucement de lui, pour éviter de l'effrayer davantage : il pourrait alors essayer de s'enfuir. Il faut lui parler calmement et essayer de le rassurer sans chercher à l'arrêter. Si le traumatisme a été particulièrement violent, il est en état de choc et souffre de fractures et de contusions diverses. Face à une telle situation, il faut s'avancer calmement en lui parlant : le chien sera rassuré par le timbre de la voix de son maître. On doit éviter tout mouvement brusque et savoir que la douleur et la peur peuvent déclencher l'agressivité du chien et qu'on risque d'être mordu. En cas de nécessité, on peut lui mettre une muselière ou un bandeau avant de le transporter. Il faut rester calme, d'autant que si le chien perçoit la tension de son maître, il sera encore plus irrité. Il faut le transporter, avec délicatesse et le plus vite possible, chez un vétérinaire ou aux urgences.

Comment le transporter ?

Si le chien n'est pas en mesure de se lever et de marcher, il faut le soulever de la façon la moins traumatisante possible :

– les chiens petits ou de taille moyenne peuvent être pris en passant un bras sous le ventre ou la poitrine (ne pas le prendre par les pattes qui pourraient être fracturées) ;
– les chiens de taille plus grande peuvent être pris en passant un bras devant les membres antérieurs et l'autre derrière les membres postérieurs, en le tenant contre sa poitrine ;
– les molosses doivent être transportés sur une civière ou sur une couverture, une toile, un manteau, dont les quatre coins serviront de prise.

Si les membres postérieurs sont

paralysés, il faut suspecter un traumatisme à la colonne vertébrale. Dans ce cas, il faut essayer de faire bouger le moins possible la colonne.

Intervenir sur une blessure

Le type de blessures qu'un chien peut se faire est infini, mais il existe quelques règles générales à suivre.
En premier lieu, il faut stopper l'hémorragie en comprimant la zone de la blessure à l'aide d'un mouchoir ou d'un chiffon propre. Si l'hémorragie est intense, il faut la bloquer en exerçant une pression au-dessus de la coupure. On peut utiliser comme garrot une ceinture, une cordelette, une cravate qu'il faut lacer de manière à pouvoir relâcher l'étreinte toutes les dix minutes, pour laisser le sang circuler. Si la blessure est à la poitrine ou sur l'abdomen, il faut essayer de comprimer avec une serviette ou une toile pliée. On réussit en général à stopper l'hémorragie, mais quelquefois, il faut quelques points de suture.
Il faut aussi désinfecter largement la blessure et la nettoyer de la terre et autres saletés. Attention aux morsures possibles : lui mettre une muselière avant de commencer. Sur la blessure propre, mettre une gaze provisoire qui empêche toute nouvelle souillure et faire vérifier la blessure auprès du vétérinaire. Les coupures sur les membres peuvent concerner les tendons et les nerfs qui doivent être suturés rapidement pour éviter des séquelles permanentes.
Si la blessure est une fracture ouverte, il faut essayer de la laver avec de l'eau oxygénée et la couvrir d'une gaze avant de courir chez le vétérinaire. Les tissus abîmés sont facilement infectés et cela peut donner des maladies difficiles à guérir.

Lésions des yeux, des oreilles, du nez

Les yeux sont particulièrement exposés chez les petites races aux globes proéminents (Pékinois, Bull-dogs, etc.). Les griffes des chats ou d'autres chiens peuvent endommager gravement la cornée. Il peut y avoir des traumatismes violents, faisant jaillir le globe oculaire hors de son orbite. Il faut laver l'œil avec de l'eau oxygénée ou simplement de l'eau pure. Maintenir l'œil blessé sous un linge humide et courir chez le vétérinaire. Les lésions oculaires sont très douloureuses.
Le traumatisme le plus fréquent aux oreilles est la blessure ouverte ou l'hématome interne du pavillon auriculaire. Dans les deux cas, il faut essayer de stopper l'hémorragie, y compris en bandant l'oreille et en y appliquant de la glace.
Les hémorragies nasales sont

peut-être les plus impressionnantes pour le maître. Le chien éternue pour se débarrasser du sang et laisse des traces rouges tout autour de lui.
Elles peuvent venir d'un empoisonnement ou de la présence de corps étrangers dans les sinus qui irritent le chien et le poussent à éternuer violemment. On peut chercher à arrêter le sang avec de la glace.

Brûlures

Elles sont peu fréquentes chez le chien car son instinct le pousse à éviter les feux. Cependant, elles peuvent avoir d'autres origines, comme l'eau bouillante ou des substances chimiques. Il faut avant tout laver la partie atteinte à grande eau : cela enlèvera le produit irritant et refroidira aussitôt en cas de brûlure chaude. Préparer des compresses froides pour réduire la vasodilatation. Couvrir la brûlure et se rendre chez le vétérinaire qui contrôlera l'état de choc que peut provoquer une brûlure étendue.

Gelures

Ce n'est pas un phénomène très courant sous nos climats, mais cela peut arriver en montagne. Ce sont, en général, les membres et la pointe des oreilles qui sont touchés. Il faut emmener l'animal dans un endroit chaud et le couvrir pour faire monter la température. Masser délicatement les endroits gelés et chercher à les réchauffer avec des linges chauds ou des bouillottes. La couleur rosée de l'épiderme indiquera la reprise de la circulation du sang.

Suffocation

Il faut intervenir très vite : ouvrir la gueule de l'animal et lui tirer la langue pour regarder l'arrière-gorge. Si on réussit à voir le corps étranger, il faut l'extraire. Pour éviter tout danger de morsure, écraser légèrement les babines sur les dents du chien qui ne refermera pas les mâchoires. Si on ne voit rien et que le chien est de petite taille, on peut le prendre par les pattes arrière et le secouer pour faire tomber ce qu'il a dans la gorge. Si la taille du chien ne le permet pas, il faut donner des coups secs mais pas trop violents sur la poitrine : l'air expulsé peut déplacer l'objet qui obstrue la gorge.

Convulsions

Elles sont souvent effrayantes lorsqu'elles sont intenses. Il faut essayer de mettre le chien dans un endroit où il ne pourra pas se blesser pendant les convulsions. La crise passée, laisser l'animal tranquille dans un endroit sans bruits ni lumière jusqu'à ce qu'il se reprenne complètement. On peut le couvrir d'une couverture. Une fois la crise passée, le conduire chez le vétérinaire.

Comment lui administrer des médicaments ?

Un chien malade est déjà irritable et peu disposé à prendre des médicaments. Il faut d'abord essayer l'astuce et en dernier lieu la force.
Les médicaments par voie orale peuvent être du type capsules, comprimés, etc., ou liquides.
On peut essayer de mélanger les comprimés à la nourriture, en cachant le goût derrière celui d'un aliment particulièrement apprécié du chien (fromage, viande). S'il s'agit de poudre, on peut la mélanger à un morceau de viande et donner le reste de la ration après, pour vérifier que le chien l'a prise. Mais certains médicaments ne peuvent être mélangés sous peine de s'abîmer. Il faut alors ouvrir la gueule du chien et y introduire le comprimé profondément en la refermant rapidement et en tenant la tête relevée afin d'accélérer la déglutition. S'assurer que le chien a bien avalé le médicament car il pourrait le cracher une fois libéré.
Les médicaments liquides peuvent être administrés à l'aide d'une seringue sans aiguille ou avec un compte-gouttes. Tenir la tête soulevée et insérer la seringue dans l'angle de la gueule, en soulevant avec les doigts la commissure des lèvres, de façon à former une poche prête à recevoir le liquide. Ecouler le produit lentement pour permettre la déglutition. Ne jamais l'administrer en gardant le chien la gueule ouverte : en l'empêchant de déglutir, on risque de l'étouffer.

Injections

Les injections sont sous-cutanées, intramusculaires ou intraveineuses. Le maître doit apprendre à les faire pour poursuivre le traitement ordonné par le vétérinaire, en utilisant toujours des seringues stérilisées. Pour une injection sous-cutanée, on pince la peau entre les doigts sur le dos, entre le cou et les flancs, on désinfecte la peau en soulevant le poil et on introduit l'aiguille parallèlement à l'épine dorsale du chien. Si le produit est irritant, il vaut mieux qu'une autre personne tienne le chien.

Médicaments contre les otites

Tenir la pointe de l'oreille et introduire le compte-gouttes dans le conduit auriculaire. Masser l'oreille pour répartir le produit uniformément. Tenir la tête du chien pendant un moment sinon il la secouera pour libérer son oreille irritée.

Médicaments pour les yeux

Tenir soulevée la tête du chien et laisser tomber les gouttes de collyre sur la cornée. Si on doit mettre une pommade, abaisser la paupière inférieure et en mettre à l'intérieur. Laisser l'œil se refermer et masser pour la répartir. Enlever l'excédent resté à l'extérieur avec un mouchoir.

Suppositoires

Il n'est pas très fréquent, mais il peut être employé contre une douleur vive. Il faut humidifier le suppositoire, soulever la queue du chien et l'introduire délicatement et sans forcer. L'enfoncer profondément, à l'aide d'un coton-tige par exemple. Tenir la queue du chien sur la zone anale pendant quelques instants pour qu'il n'expulse pas le médicament aussitôt.

CE QU'IL FAUT AVOIR EN CAS D'URGENCE

- *Désinfectants : eau oxygénée, teinture d'iode, mercurochrome.*
- *Solution désinfectante : sérum physiologique.*
- *Laxatif : huile de vaseline.*
- *Antibiotique d'urgence conseillé par le vétérinaire.*
- *Compresses de gaze, pansements, bandes de gaze.*
- *Le numéro de téléphone du vétérinaire habituel.*

Le dressage au traîneau et au travail

Par N. Bettini

Souvent, les gens qui ont décidé d'avoir un Husky pour ami sont tentés d'essayer de le faire travailler.
Sachant que ce chien est naturellement exubérant et prêt à apprendre les techniques du trait, il est utile de savoir comment canaliser de manière constructive son énergie.
En y employant peu de temps, peut-être simplement en utilisant le temps qu'on passe à le promener, on peut apprendre au Husky le minimum indispensable qui en fera un chien de traîneau. La neige n'est pas nécessaire : avant de l'atteler à un traîneau, on peut utiliser une petite charrette, le guidon d'un vélo ou l'attacher à la taille de son maître.
Ce type d'apprentissage l'aidera à travailler naturellement et en fera, de plus, un compagnon d'excursion irremplaçable.
Il est vraiment agréable de se promener avec un chien qui marche devant soi et prête attention aux ordres qu'on lui donne.

L'équipement

Le harnais

Le *harnais* sert à atteler le chien à la taille du maître ou à ce qu'on désire lui faire tirer, au moyen d'une laisse appelée ligne de trait. On peut se procurer un harnais auprès des écoles de Sled dog ou, avec un peu de chance, dans une exposition canine ou un magasin d'articles pour animaux. Cependant, les harnais qu'on trouve dans le commerce ne sont pas adaptés au traîneau à cause de leur matière et du modèle qui n'offre pas un bon support à l'animal. Il existe

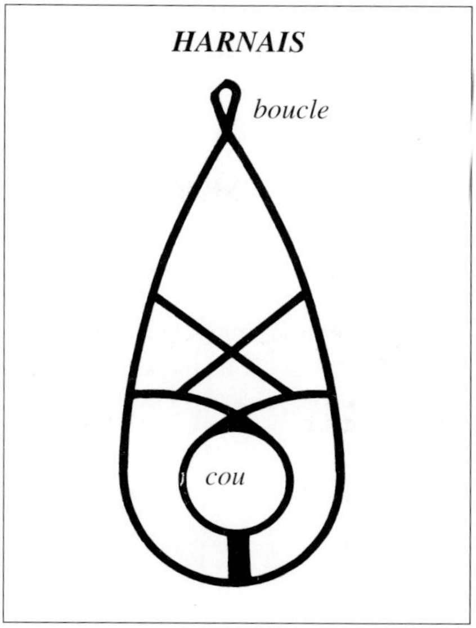

Team Grand Canyon. La division entre chien de travail et chien d'exposition n'est pas valable pour le Husky. En Europe, on a malheureusement essayé de faire un Husky de « vitesse » avec comme résultat des chiens aux membres trop longs, au thorax étroit et à la tête atypique. Les chiens photographiés ci-dessous sont typiques

quelques rares magasins spécialisés dans l'équipement du sport de traîneau. Mais le choix le plus économique consiste à le fabriquer soi-même. Il faut pour cela quelques mètres de lanière d'escalade, du fil de nylon solide, une aiguille à laine pas trop grosse et de la fourrure synthétique pour doubler. Avec un peu de patience et en suivant le dessin de la page précédente, on fabriquera le *harness* du Husky.

Le collier

Avec la même lanière que celle utilisée pour le harnais, on fabriquera un collier adapté au travail du chien.

L'éducation

De deux à trois mois

C'est dans cette période qu'on apprend au chiot qu'il est notre ami mais aussi qu'on est son « chef de meute ». Obéir deviendra pour lui un privilège. Pour obtenir un chien équilibré et qui s'adapte facilement à toutes les situations, il faudra l'habituer à la laisse, aux gens, aux bruits de la ville. On devra emmener le chiot dans des endroits fréquentés par d'autres chiens pour qu'il s'habitue à croiser ses semblables. La réussite de cette phase fera du Husky un chien prêt au travail, au moins psychologiquement : il est en effet impensable de faire travailler un sujet qui perd son calme en présence d'autres chiens. Le seul moyen d'éviter les bagarres dès qu'une laisse se profilera à l'horizon, c'est d'être ferme avec le chiot et de le réprimander dès qu'il est agressif avec un autre chien. Il comprendra peu à peu qu'on exige de lui un comportement amical avec les autres chiens.

De quatre à cinq mois

Après avoir découvert le monde qui l'entoure, le chiot est prêt à découvrir le harnais. Il faut d'abord le familiariser avec cet objet sans lui faire tirer aucune charge : ce serait néfaste, tant à son physique qu'à son psychisme.
Quand on a du temps devant soi, on appelle le chiot et on lui montre le harnais qu'on lui laisse flairer et inspecter. Il faut le prendre entre ses jambes, tout en lui parlant doucement et lui mettre le harnais en le pliant sous sa poitrine pour enfiler d'abord la tête. Une fois que le harnais est au cou de l'animal, on le caresse et on le rassure. Le plus souvent, le chiot se montre seulement curieux et essaie de flairer son harnais. Il faut l'empêcher de le mordre ou de se rouler par terre pour l'attraper avec ses dents.
Sortir en promenade-excursion (*dog-trekking*) est la méthode la plus sûre pour apprendre au Husky

à tirer. Le maître endosse lui aussi un harnais de varappe, les plus adaptés étant ceux sans bretelles et à cuissards. Ce type de harnais s'attache à la laisse du chiot avec un mousqueton. Le lieu idéal est une route ou un sentier tranquille, avec le moins de croisements et de distractions possibles. Il faut mettre le chiot devant soi, dans la direction qu'on souhaite prendre, en le retenant. On le lâche en commandant « hike » ou « go ».

Il faut marcher d'un pas régulier ou, mieux encore, au pas de course, sachant que le Husky y est naturellement porté. La curiosité naturelle du chiot, utile au départ, le poussera au bout d'un moment à s'arrêter pour s'aventurer sur les bords du chemin. On doit alors lui dire « non » et « ahead » (tout droit) en le poussant fermement dans la bonne direction.

Un parcours de trois ou quatre kilomètres est parfait pour commencer le dressage. Il permettra au maître le moins entraîné de suivre son chien avec l'attention nécessaire pour corriger ses erreurs et le détourner des distractions. Quand le Husky aura appris à aller devant

Innisfree's Star Walker (Etats-Unis), propriétaire S. Monville et W. Kistemann

Golden Arrow et ses filles « dorées », propriétaire M. Bensi Allegri. Pour dégager le maximum de puissance et de vitesse, il faut des chiens correctement bâtis

son maître, sans dévier de direction, le moment sera venu de lui apprendre à tourner sur la droite ou la gauche au commandement. On utilisera d'abord un parcours avec des déviations à droite seulement.

Avec le chien lié à la ceinture, on donnera au carrefour l'ordre « gee » ou « right ». Pour mettre le chien sur la bonne voie, il faudra ralentir à l'approche du croisement et donner l'ordre dès que le museau du chien sera à hauteur du carrefour. Au début, le chiot ne comprendra pas l'ordre et il faudra donc s'arrêter et répéter l'ordre jusqu'à ce qu'il prenne la bonne direction. On peut utiliser une petite astuce : s'arrêter en tirant la laisse vers soi et donner l'ordre « gee ». Si le chien essaie d'aller tout droit, il convient de relâcher brusquement la laisse : le chien se sentira déséquilibré de façon désagréable. Il faudra alors répéter fermement et sans hurler « non, gee ». Quand le chien prendra la bonne direction,

Champion français, reproducteur, Kontoki's All in Good Time « Butch », photographié à deux ans, propriétaire F. Cattaneo

on poursuivra la marche en le félicitant. Lorsqu'il sera bien clair pour le chien que « ahead » veut dire aller tout droit et « gee » tourner à droite, on lui apprendra à tourner à gauche en utilisant la même méthode. On choisira un parcours avec des déviations à gauche seulement, en utilisant le commandement « haw » ou « left » pour guider le chien. Si, pendant tous ces exercices, on a eu la présence d'esprit de dire « whoa » ou « stop » à chaque arrêt, on a complété la série d'ordres indispensables pour sortir le chien.

De six à sept mois

A mesure que l'entraînement du jeune chien progresse, on s'aperçoit qu'on a du mal à tenir son rythme. Le chien cherchera inévitablement à tirer le poids de son maître dans la course et ce n'est pas bon pour son allure. Le moment est venu de commencer à l'entraîner avec un vélo. Le moyen le plus indiqué est un VTT doté de bons freins. Il est sage de se munir de gants et éventuellement d'un casque de cycliste en cas de chute. On utilisera une laisse longue d'environ un mètre et demi qu'on attachera au guidon du vélo.

La méthode utilisée est la même que celle des excursions pédestres mais elle requiert une attention accrue de la part du musher. En effet, la vitesse est plus grande et donc le risque de chute plus élevé, sans compter le risque de heurter le chien au cas où celui-ci s'arrête à l'improviste. Il faut donc respecter quelques règles : le nombre de chiens attelés va de un à trois, selon le poids et l'habileté du conducteur et il vaut mieux faire d'abord un tour du parcours sans les chiens. On peut apporter une laisse pour attacher la bicyclette à un arbre ou un poteau au cas où l'on devrait s'arrêter et laisser l'attelage sans possibilité de le retenir.

La longueur moyenne du parcours sera d'abord de trois ou quatre kilomètres et on l'allongera progressivement jusqu'à six ou sept kilomètres maximum. Ceci pour ne pas fatiguer le chien et le dégoûter de la course.

On maintiendra une allure moyenne : le Husky aura d'abord tendance à galoper. Il passera ensuite à un trot soutenu, ce qui est une allure

Team de Bleue Fontaine (F)

excellente si le conducteur est assez attentif pour changer de vitesse lorsque le chien tire trop.
A cet âge-là, un effort trop énergique pousserait le chien à forcer sur ses pattes postérieures en élargissant les pieds, lui donnant une démarche « en canard ». Un trot léger est donc préférable, avec un effort de traction mesuré ayant le double objectif de dresser le chien pour l'allure et le trait.

De huit à douze mois

On peut à présent l'attacher au traîneau. Comme pour les exercices précédents, les parcours initiaux devront être brefs, les parcours en traîneau sur la neige étant plus fatigants que ceux à bicyclette. Pour utiliser un traîneau, même léger, il faut au moins deux chiens. Le fait que le deuxième sujet ait déjà une expérience du traîneau peut être très utile. Dans le cas contraire, il faut simplement plus de patience. Il faut d'abord laisser les deux chiens faire connaissance, puis les attacher côte-à-côte. Il est amusant de constater la joie du Husky à travailler en compagnie : il se retrouve dans une situation qui rappelle l'ancien rite de chasse en meute de ses ancêtres et travaille avec plus d'enthousiasme. On doit choisir des parcours avec des montées et des descentes relativement douces et des faux-plats qui permettront aux chiens de se reposer. En montée, le conducteur doit descendre du traîneau et aider le « team » (équipe) en poussant. En descente, quand les chiens se lancent au galop, il doit au contraire freiner légèrement pour fournir un appui aux chiens (sensation de traction) et éviter ainsi d'éventuelles blessures aux épaules.
Lorsque le nombre de chiens est trop élevé pour utiliser la bicyclette et qu'il n'y a pas assez de neige pour le traîneau, on peut utiliser le chariot ou la voiture. Ce sont deux moyens amusants mais contraignants.
En ce qui concerne le chariot, il n'y a pas de grandes différences par rapport au VTT. Le problème, non négligeable, c'est qu'il est parfois difficile de freiner quand un attelage de cinq à huit chiens est décidé à poursuivre. Il suffit d'un chat sur la route pour qu'on se retrouve sérieusement ennuyé. Il faut donc pouvoir attacher le chariot avec une corde. En cas de sortie avec plus de six chiens, il est préférable d'utiliser un chariot avec lequel on pourra faire monter une deuxième personne. En ce qui concerne l'automobile, on est beaucoup plus tranquille par rapport aux distractions du parcours, mais il faut faire très attention à ne pas renverser les chiens. Il faut toujours se rappeler que les chiens peuvent s'arrêter à n'importe quel moment et pour les raisons les plus incroyables.
Quelqu'un d'expérimenté peut se

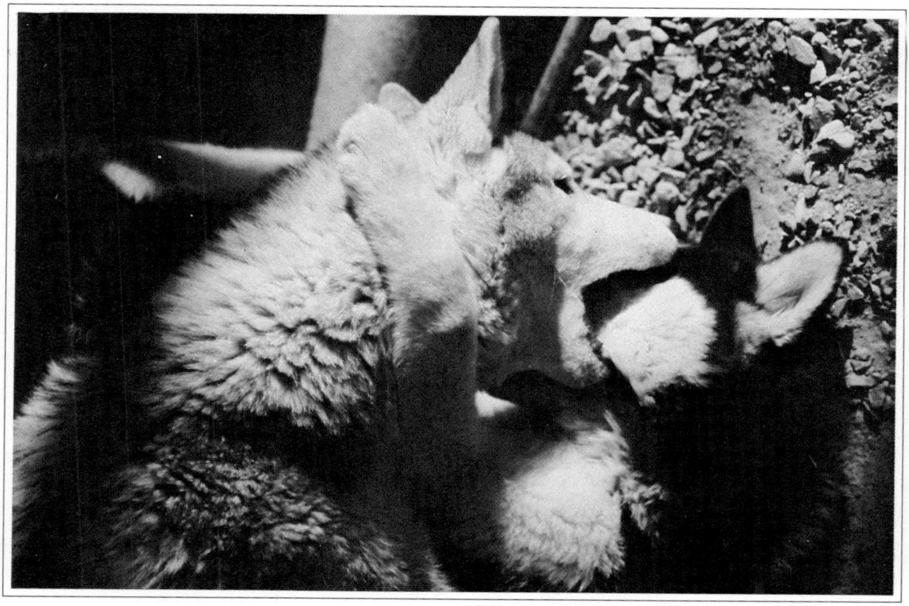

Le jeu est important pour le développement du chien et pour la préservation de l'espèce (photo A. Brizio)

lancer seul dans l'aventure, mais mieux vaut se faire aider si on est débutant. On travaillera bien si l'un des deux s'occupe de la conduite tandis que l'autre surveille le parcours et donne les ordres aux chiens.

Après un an

On peut maintenant en demander plus. On peut augmenter graduellement la difficulté et la longueur des parcours, en fonction des capacités du team et du nombre de chiens qui la composent. On peut même envisager de le faire participer à l'une des courses qui sont organisées tous les ans dans les Alpes.
Le monde des courses est peuplé de passionnés qui seront heureux de faire partager leur enthousiasme. En arrivant avec humilité et volonté d'apprendre, on y trouvera de bons conseils et « les secrets du métier ».

Clint de l'Aurore Boréale, grand chiot de huit mois, propriétaire Oudin Voilet. Aurore Boréale et Bleue Fontaine sont des élevages français ; Innisfree, Nootka et Isbook sont américains et canadiens

Les courses

De nombreuses courses de chiens de traîneau sont organisées tous les ans. Les parcours sont en général des sprints, au kilométrage limité. Les épreuves s'organisent en deux manches : une le samedi et une le dimanche. Le parcours est le même les deux jours et le nombre de kilomètres varie selon le nombre de chiens qui composent le team. La catégorie « trois chiens » (un minimum de deux chiens est admis) parcourt six à huit kilomètres ; la catégorie « six chiens » (un minimum de quatre chiens est admis) parcourt huit à douze kilomètres. La « pulka scandinave » a elle aussi un parcours de huit à douze kilomètres. La catégorie « huit chiens » (avec un minimum de six chiens) court quinze à dix-huit kilomètres, alors que les concurrents qui ont un nombre illimité de chiens (minimum de sept à la première manche et de cinq à la seconde) font dix-huit à vingt-cinq kilomètres. Les parcours sont souvent des pistes de ski de fond : ils présentent donc des difficultés variées qui vont des tournants aux courbes, des descentes aux montées. L'intervalle de départ est de deux minutes entre chaque concurrent et le temps de chaque team est chronométré. Le classement définitif est la somme des temps obtenus aux deux manches. C'est évidemment le temps le moins long qui gagne.

Pour participer à une course, il faut connaître les panneaux de signalisation qui sont les mêmes dans tous les pays européens. Ce sont des panneaux de couleurs différentes. Au départ, on trouve un panneau à trente mètres de la ligne, qui indique la fin de « l'aire de départ ». Le concurrent doit la quitter avant la fin des deux minutes qui le séparent du suivant. Si l'aire n'est pas libérée à temps, le directeur de course peut disqualifier le

Nagoya du Fiocco Nero et Aileen pendant une pause, propriétaire Michel Laboux. Travailler avec ses chiens est un sport merveilleux. Les écoles ne sont pas nécessaires pour apprendre à conduire un traîneau, mais il est indispensable de dresser ses chiens à obéir. Il faut de la sensibilité pour éduquer un Husky

concurrent qui a gêné le départ du suivant. C'est l'unique partie du parcours où il est permis d'aider un concurrent en difficulté. Les tournants du parcours sont indiqués par un panneau rouge qui est posé sur le bord de la piste un peu avant le tournant : à droite pour un tournant à droite et à gauche pour un tournant à gauche. A proximité d'un carrefour, la direction « tout droit » est indiquée par un panneau bleu mis au bord de la piste un peu avant le croisement. Les endroits dangereux sont signalés par un panneau jaune ou orange, posé juste avant le début de la zone dangereuse. Depuis 1991, un panneau jaune rayé de rose indique la fin d'une zone dangereuse. A huit cents mètres de la fin du parcours, est posé un panneau indiquant « 800 m ». Sur cette partie de la piste, les règles d'ordre pour doubler, valables pendant le reste de la course, n'existent plus : c'est une sorte de *no man's land*.

Connaître les règles des courses ne suffit pas pour s'y joindre sans risquer d'avoir des ennuis ou d'en créer aux autres. Avant de s'inscrire à une course, il vaut mieux vérifier les capacités de son team : il est fondamental d'être sûr que les chiens sauront dépasser une autre équipe sans s'arrêter et surtout sans essayer d'agresser les autres chiens. Le team doit, de plus, être entraîné en fonction du kilométrage qu'il aura à parcourir. En sachant cela, on évitera des situations embarrassantes et on sera dans de bonnes conditions pour effectuer correctement la course en s'amusant. Le temps et l'expérience feront le reste : après une saison de course, on verra que les chiens travaillent plus facilement et s'engagent davantage sur tout le parcours, comme si eux aussi savaient que courir est amusant mais qu'il faut s'y donner à fond.

L'entraînement du team

Les méthodes sont nombreuses et très personnelles : nous en proposons deux. Elles sont le résultat de l'expérience de nombreux mushers ; leur validité est donc prouvée par les résultats obtenus par leurs teams. La première méthode utilise la prédisposition naturelle du Huksy pour la course. L'entraînement commence à la mi-septembre quand la température commence à baisser, aux premières heures de la matinée ou en soirée. On prend, au départ, des parcours de trois à quatre kilomètres en faisant tirer les chiens sans les faire courir. On continue en augmentant les distances, sans augmenter le poids du traîneau. Cette méthode permet d'augmenter la force et la puissance de trait du team. La vitesse sera prise en compte quand la capacité de résistance sera déjà acquise.

La seconde méthode d'entraînement prend en compte dès le début

Afterglow du Marginone, propriétaire A. Bernardini

la vitesse du team. Les parcours sont plus longs que dans la première (six kilomètres environ) et on cherche à obtenir la plus grande vitesse sur tout le parcours. Le poids tiré n'est pas excessif et ne dépassera jamais celui du musher et du traîneau le jour de la course. Faute de neige, on utilise généralement le chariot ou la voiture. On pourra s'estimer heureux si on réussit à faire une sortie ou deux avant la première course de la saison. Le chariot est l'équipement le plus proche du traîneau, surtout pour le conducteur qui, outre l'entraînement de son équipe, pourra s'entraîner à descendre et à pousser ou à courir, acquérant ainsi un bon équilibre.

En ce qui concerne les chiens, le chariot sera utile si son poids est adapté aux capacités du team : s'il ne pesait pas assez, il ne favoriserait pas le développement de la musculature nécessaire pour la course. Un chariot trop lourd aurait le résultat inverse de fatiguer les chiens en leur ôtant tout désir de courir.

La voiture est un moyen valable en ce qui concerne la préparation du team, beaucoup moins utile pour le musher ! La possibilité d'atteler le

team à un moteur, permet de doser l'effort des chiens et de leur faire tirer le poids correspondant à leur préparation athlétique.
Durant l'entraînement, il ne faut pas dépasser les vingt km/heure.
Cette préparation permet également au musher d'arrêter le team et d'aller effectuer les changements nécessaires en cours d'entraînement.

L'entraînement du musher

La préparation athlétique du musher est importante pour la réussite du team. C'est encore plus vrai pour les équipes qui comptent un petit nombre de chiens. Le musher devra, durant la course, descendre du traîneau pour courir et pousser le traîneau afin d'aider les chiens. Il faut savoir que les courses se déroulent souvent en altitude et que les températures sont basses : de telles conditions augmentent la fatigue physique et réclament donc une bonne préparation. Là aussi, il y a différentes méthodes d'entraînement : l'une des plus intéressantes est celle utilisée par les skieurs de fond.
La première phase dure environ un mois. Sur un parcours d'environ dix kilomètres, on arrivera graduellement à une vitesse de un kilomètre toutes les cinq minutes. Il faudra faire ce parcours six jours par semaine.

Babouchka de Bleue Fontaine, leader d'Isabella Travadon

On arrive à la deuxième phase, vingt à trente jours avant la course. On parcourt les mêmes dix kilomètres, en faisant des pointes de vitesse de deux cents mètres à intervalle régulier. On doit alors utiliser 90 % de sa puissance maximum.
Après chaque pointe de vitesse, il faut reprendre la course à la vitesse de la première phase. Une fois par semaine, on cherchera à faire le parcours le plus vite possible avec deux jours de repos absolu ensuite.
Il faut expirer complètement après chaque respiration.

Lilith de Likidado, propriétaire C. Geuna

Groupe d'élevage des années quatre-vingt. La race est en évolution constante, même en Europe, bien que plus lentement qu'outre-Atlantique. Elle est donc moins sujette aux modes. Les champions de la photo constituent un groupe très homogène, primés sur tous les rings d'Europe. Elevage des Longues Ombres

Beau Geste du Grand Canyon, une belle fille du champion Innisfree's Golden Arrow, propriétaire M. Monaci

Champion italien international, Forstal's Ivich (1975-1987), un sujet typique de ces années-là

On profitera d'autant mieux de la saison de courses en étant préparé physiquement et on pourra accorder toute son attention à l'activité physique des chiens en les aidant et en évitant les situations stressantes physiquement ou psychologiquement. C'est là que réside le succès pour un vrai musher car le bien-être des chiens passe avant tout, indépendamment du verdict du chronomètre.

Index analytique

Achevé d'imprimer
en janvier 1993
à Milan, Italie, sur les presses
de Grafiche Milani

Dépôt légal : janvier 1993
Numéro d'éditeur : 3053